8級の復習テスト(1) 読み

時間 20分 【はやい15分・おそい25分】
合格 80点 (一つ5点)
得点 点
月 日

1 ――線の漢字の読み方を書きなさい。

① かばんに筆箱を入れる。
② 遠くはなれた島に住む。
③ 線にそって切り取る。
④ バスの終点でおりる。
⑤ 銀行にお金をあずける。
⑥ 小屋でうさぎを飼《し》育する。
⑦ 水泳大会に出場する。
⑧ ほこらに神様を祭る。

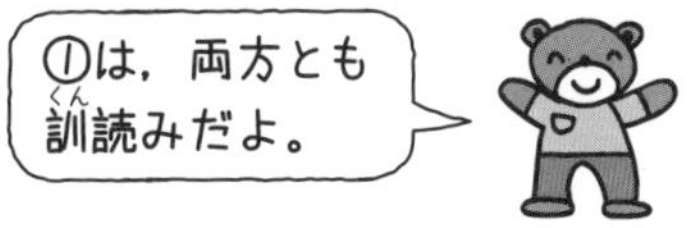

2 ――線の漢字の読み方を書きなさい。

① 深海の魚がつれた。
② べつの人と交代する。
③ みんなに平等に配る。
④ 半島に流れ着く。
⑤ 両方の板にくぎを打つ。
⑥ 昭和五十年に生まれた。
⑦ げきで主役をえんじる。
⑧ クラスを代表する。

8級の復習テスト(1)　書き

月　　日

時間 20分【はやい15分・おそい25分】
合格 80点（一つ5点）
得点　　　点

1 □には漢字を、（　）には漢字と送りがなを書きなさい。

① □□《りゅうこう》のファッション。

② 何をしようと□□《じゆう》だ。

③ □《さけ》によって歌う。

④ □□《てちょう》にメモをする。

⑤ □《いき》がつまって（　　）《くるしい》。

⑥ 朝六時に（　　）《おきる》。

⑦ □《しま》から□□《ついほう》する。

⑧ きちんとお□《れい》を言う。

2 □には漢字を、（　）には漢字と送りがなを書きなさい。

① □□《きゅうしゅう》への□《たび》。

② この□《くすり》は（　　）《にがい》。

③ 今日の海は□《なみ》が高い。

④ 人数が□《ばい》になる。

⑤ 遠足の行き先を（　　）《きめる》。

⑥ （　　）《さいわい》にもけがはなかった。

⑦ □□《ししゃ》をとむらう。

⑧ 電話で□□《そうだん》する。

2日

8級の復習テスト(2)

読み

月　日

時間 20分 [はやい15分・おそい25分]

合格 80点 (一つ5点)

得点　点

1 ——線の漢字の読み方を書きなさい。

① 真上にとび上がる。（　　）

② 他に意見はありませんか。（　　）（　　）

③ 転んでひざから出血した。（　　）（　　）

④ 鉄をふくむ主な食品。（　　）（　　）

⑤ びんの中が真空になる。（　　）

⑥ 木のかげで休息する。（　　）

⑦ 有名な歌手に会う。（　　）

⑧ いねがたわわに実る。（　　）

---

2 ——線の漢字の読み方を書きなさい。

① 飲酒運転はいけない。（　　）

② 車に乗って追いかける。（　　）（　　）

③ お宮にまいる。（　　）

④ にぎやかな秋祭り。（　　）

⑤ 相手をすばやく投げとばす。（　　）（　　）

⑥ 軽工業のさかんな町。（　　）

⑦ 夕方になって家路につく。（　　）

⑧ 先生の助手をつとめる。（　　）

8級の復習テスト(2)

書き

月　日

時間 20分 [はやい15分・おそい25分]

合格 80点 (一つ5点)

得点　点

1

□には漢字を、（　）には漢字と送りがなを書きなさい。

① 一日の仕事を（　　）《おえる》。

② □□《じんじゃ》におまいりする。

③ □《さか》の上の□□□《ゆうえんち》。

④ お□《きゃく》さんの注文をとる。

⑤ □《ひつじ》の毛をかる。

⑥ □□《してい》の場所におく。

⑦ ていねいに□《は》をみがく。

⑧ □《ふえ》の音で全員が□□《きりつ》する。

2

□には漢字を、（　）には漢字と送りがなを書きなさい。

① 夏休みに□□《がっしゅく》する。

② あの子は赤の□□《たにん》です。

③ □□《のうち》を（　　）《たいら》にする。

④ 新聞に□□《とうしょ》する。

⑤ あの人は□《はな》が高い。

⑥ 木の□《み》が（　　）《ころがる》。

⑦ お□《さら》をきれいにあらう。

⑧ じゃんけんで□□《しょうぶ》する。

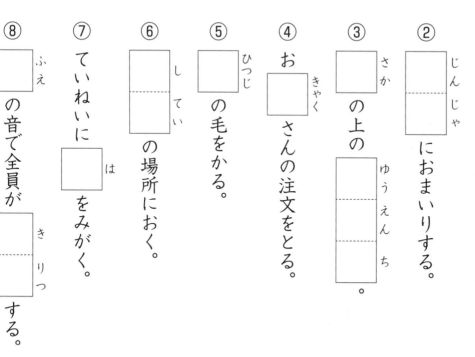

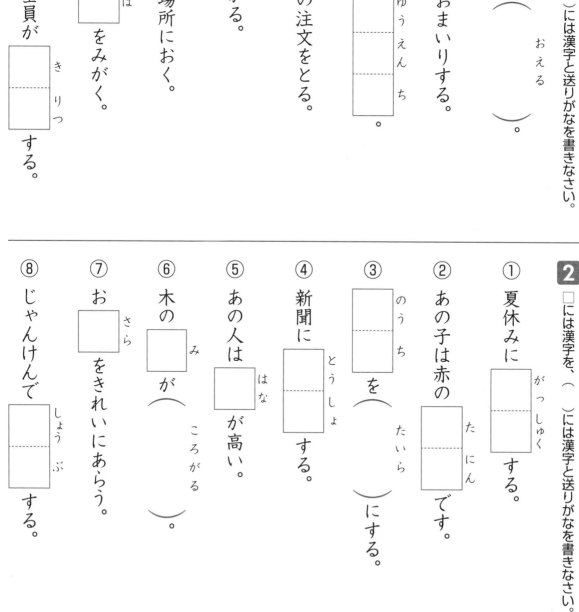

8級の復習テスト(3) 読み

月　日

時間 20分【はやい15分・おそい25分】
合格 80点（一つ5点）
得点　点

1 ——線の漢字の読み方を書きなさい。

① 酒屋で買い物をする。（　　）
② 石炭と石油。（　　）
③ 炭でやいて食べる。（　　）
④ 岸を目指して進む。（　　）（　　）
⑤ やさしさに深く感動する。（　　）（　　）
⑥ 海岸をドライブする。（　　）
⑦ 十分ほど雨宿りする。（　　）
⑧ ねこのかい主をさがす。（　　）

2 ——線の漢字の読み方を書きなさい。

① 生命の大切さを学ぶ。（　　）
② 古めかしい館の住人。（　　）（　　）
③ 文化祭の出し物。（　　）
④ 身なりを整える。（　　）
⑤ 千代紙を使って美しくかざる。（　　）（　　）
⑥ 今度こそ勝つぞ。（　　）
⑦ 新商品の名前が決定する。（　　）
⑧ 未来《みらい》のことを空想する。（　　）

8級の復習テスト(3) 書き

月　日

時間 20分 【はやい15分・おそい25分】
合格 80点 (一つ5点)
得点　　点

1 □には漢字を、（　）には漢字と送りがなを書きなさい。

① □□《すいへい》にすれば□□《あんぜん》だ。

② □□《こうふく》にくらす。

③ ねだんが（　）《やすい》。

④ 向こう□《ぎし》まで（　）《およぐ》。

⑤ 二本の□《ゆび》ではさむ。

⑥ カメラでけしきを（　）《うつす》。

⑦ ゆっくりお□《ゆ》につかる。

⑧ 右に□□《かいてん》する。

2 □には漢字を、（　）には漢字と送りがなを書きなさい。

① （　）《みじかい》□□《きてき》が聞こえる。

② まとめかたに□□《くしん》する。

③ □《ち》のように赤い色の花。

④ 新聞記者が□《しゅ》材《ざい》する。

⑤ □□《しんわ》のなぞにせまる。

⑥ ならんで□□《とうこう》する。

⑦ 小さな□《いのち》を（　）《たすける》。

⑧ バナナの□《かわ》をむく。

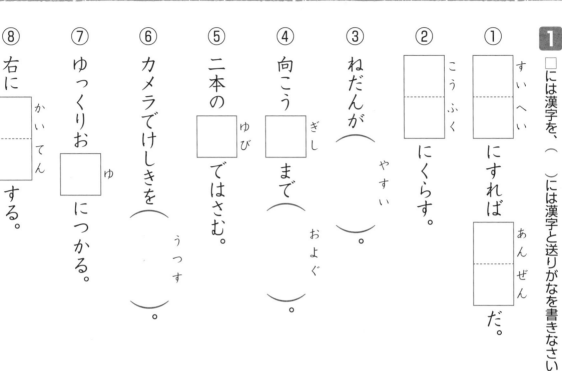

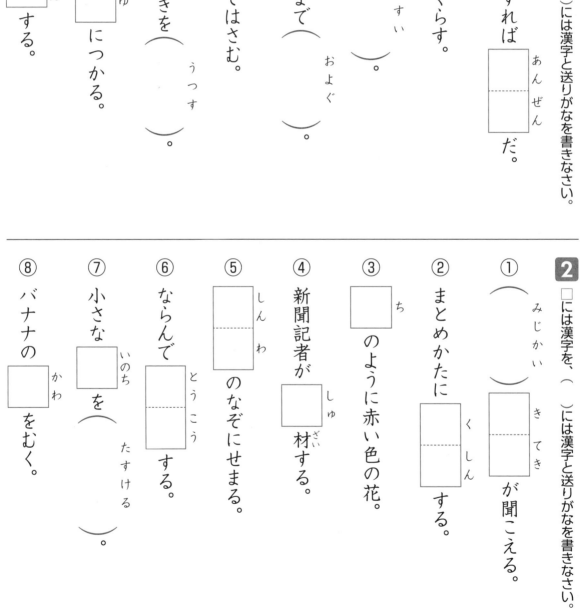

4日 8級の復習テスト(4) 読み

月　日

時間 20分 【はやい15分・おそい25分】

合格 80点 (一つ5点)

得点　点

1 ――線の漢字の読み方を書きなさい。

① 心配せずに行きなさい。（　）（　）

② 宿題がむずかしすぎる。（　）（　）

③ わたしの長所と短所。（　）（　）

④ お幸せにおすごしください。（　）

⑤ お客様からあずかった洋服。（　）（　）（　）（　）

⑥ 冬には寒い北風がふく。（　）

⑦ 毛筆の練習を始める。（　）（　）（　）

⑧ 高原で乗馬を楽しむ。（　）

2 ――線の漢字の読み方を書きなさい。

① なめらかな曲線をえがく。（　）

② いねの育っていく様子。（　）（　）

③ 実物と同じ大きさのもけい。（　）

④ きれいな花を写生する。（　）

⑤ 図書館で本をかりる。（　）

⑥ おぼえたことを全部わすれた。（　）

⑦ 家族そろって四国へ旅行する。（　）（　）

⑧ 高い山に登る。（　）

8級の復習テスト(4) 書き

月　日

時間 20分 【はやい15分・おそい25分】
合格 80点 (一つ5点)
得点　点

1 □には漢字を、(　)には漢字と送りがなを書きなさい。

① □《せんろ》のそばで(　)《あそぶ》な。

② お礼を(　)《もうし》上げる。

③ (　)《かなしい》□《むかしばなし》。

④ お金を(　)《ひろう》。

⑤ 一□《びょう》のさで(　)《かつ》ことができた。

⑥ あのおじさんが(　)《しん》だ。

⑦ 水道の水は(　)《のん》でもよい。

⑧ □《しぎょうしき》を行う。

2 □には漢字を、(　)には漢字と送りがなを書きなさい。

① つくえの上を□《せいり》する。

② 子供《こども》を□《いしゃ》につれて行く。

③ (　)《かるく》(　)《もち》上げる。

④ □《せかい》中を旅行する。

⑤ (　)《まがっ》たことのきらいな人。

⑥ 水の上に□《あぶら》がういている。

⑦ (　)《やまのぼり》は楽しい。

⑧ □《だい》一段落《だんらく》を読む。

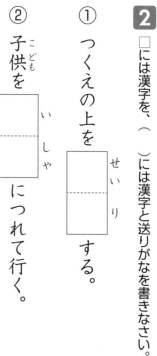

5日 陸・席・順・結・辺・漁

月　日

1 陸

画数 11

音 リク　訓 —

部首 阝（こざとへん）

意味 地球の表面で水におおわれていない所。

・筆順どおりに書きなさい。（まげてとめる）

——線の漢字の読み方を書きなさい。

① 陸地。（　　）　② り陸する。（　　）

③ アジア大陸。（　　）　④ 上陸。（　　）

2 席

画数 10

音 セキ　訓 —

部首 巾（はば）

意味 すわる場所。会や式を行う場所。

・筆順どおりに書きなさい。（たてに／はねる／つきだす）

——線の漢字の読み方を書きなさい。

① 前の席。（　　）　② 着席。（　　）

③ 客席。（　　）　④ 出席。（　　）

3 順

画数 12

音 ジュン　訓 —

部首 頁（おおがい）

意味 順じょ。順番。すなおなこと。

・筆順どおりに書きなさい。（はらう／とめる／とめる）

——線の漢字の読み方を書きなさい。

① 順番。（　　）　② 道順。（　　）

③ 順調。（　　）　④ 手順。（　　）

4 結

画数 12

音 ケツ　訓 むすぶ・（ゆう）・（ゆわえる）

部首 糸（いとへん）

意味 ひもをつなぎ合わせる。やくそくする。

・筆順どおりに書きなさい。（とめる／みじかく）

——線の漢字の読み方を書きなさい。

① ひもを結ぶ。（　　）　② 結局。（　　）

③ 結果《か》。（　　）　④ 連《れん》結器《き》。（　　）

5 辺

画数 5

音 ヘン　訓 あたり・べ

部首 辶（しんにょう・しんにゅう）

意味 図形をかこんでいるまっすぐな線。近く。

・筆順どおりに書きなさい。（はねる／つきださない／ひとふでで／はらう）

——線の漢字の読み方を書きなさい。

① 辺り一面。（　　）　② 海辺。（　　）

③ 一辺。（　　）　④ 周《しゅう》辺。（　　）

6 漁

画数 14

音 ギョ・リョウ　訓 —

部首 氵（さんずい）

意味 魚をとる。

・筆順どおりに書きなさい。（ひだりしたにむける）

——線の漢字の読み方を書きなさい。

① 漁船。（　　）　② 漁師《し》。（　　）

③ 漁に出る。（　　）　④ 漁港。（　　）

月　日

書いてみよう

時間 20分 【はやい15分・おそい25分】

合格 20問

正答 　／24問

※（　　　）は送りがなも書きなさい。

1

① 飛行機《ひこうき》のり□《りく》。

② □□《りくち》に近づく。

③ アジア□□《たいりく》。

④ 台風が□□《じょうりく》する。

2

① 妹のすわる□《せき》。

② □□《きゃくせき》がいっぱいだ。

③ 集会に□□《しゅっせき》する。

④ いすに□□《ちゃくせき》する。

3

① □□《じゅんばん》を待つ。

② 教室の□□《せきじゅん》。

③ □□《じゅんちょう》に進む。

④ □□《てじゅん》をふむ。

4

① ひもを（　　）《むすぶ》。

② □□《けっきょく》引き分けた。

③ □《けっ》果《か》をみる。

④ 電車の連《れん》□《けつ》器《き》。

5

① □□《うみべ》の村。

② この（　　）《あたり》は寒い。

③ 三角形の□□《いっぺん》。

④ この□《へん》で休もう。

6

① 大きな□□《ぎょせん》。

② 父が□《りょう》に出る。

③ □□《ぎょぎょう》がさかんだ。

④ 今日も□□《たいりょう》だ。

6日　浴・説・別・欠・残・念

浴 7

音 ヨク
訓 あびる・あびせる
部首 氵（さんずい）
意味 水・湯・光などをからだにかぶる。

画数 10

●筆順どおりに書きなさい。

●——線の漢字の読み方を書きなさい。

① 海水浴。（　）
② 日光浴。（　）
③ 水を浴びる。（　）
④ 大浴場。（　）

説 8

音 セツ・（ゼイ）
訓 とく
部首 言（ごんべん）
意味 よくわかるように話す。意見。考え。

画数 14

●筆順どおりに書きなさい。

●——線の漢字の読み方を書きなさい。

① 人の道を説く。（　）
② 小説家。（　）
③ 説明。（　）
④ 説教。（　）

別 9

音 ベツ
訓 わかれる
部首 刂（りっとう）
意味 わかれる。分ける。ほかの。

画数 7

●筆順どおりに書きなさい。

●——線の漢字の読み方を書きなさい。

① 駅で別れる。（　）
② 別世界。（　）
③ 別人。（　）
④ 区別する。（　）

欠 10

音 ケツ
訓 かける・かく
部首 欠（あくび・かける）
意味 たりない。会合などに出ない。

画数 4

●筆順どおりに書きなさい。

●——線の漢字の読み方を書きなさい。

① 欠席。（　）
② 皿が欠ける。（　）
③ 出欠。（　）
④ 月の満《み》ち欠け。（　）

残 11

音 ザン
訓 のこる・のこす
部首 歹（かばねへん・いちたへん・がつへん）
意味 のこる。あまる。むごたらしい。

画数 10

●筆順どおりに書きなさい。

●——線の漢字の読み方を書きなさい。

① 残業。（　）
② 食事を残す。（　）
③ 売れ残る。（　）
④ 残暑。（　）

念 12

音 ネン
訓 —
部首 心（こころ）
意味 おもい。考え。心。よく注意する。

画数 8

●筆順どおりに書きなさい。

●——線の漢字の読み方を書きなさい。

① 残念。（　）
② 念を入れる。（　）
③ 記念写真。（　）
④ 正念場。（　）

書いてみよう

時間 20分【はやい15分・おそい25分】　合格 20問　正答 /24問

7

① □□□《かいすいよく》に行く。

② 質問《しつもん》を（　　）《あびせる》。

③ □□□《にっこうよく》をする。

④ 朝日を（　　）《あびる》。

8

① □□□《せつめいしょ》。

② 世界平和を（　　）《とく》。

③ 父に□□《せっきょう》される。

④ おもしろい□□《しょうせつ》。

9

① 駅で（　　）《わかれる》。

② □□《べつじん》のようだ。

③ ここは□□□《べっせかい》だ。

④ 友人と（　　）《わかれる》。

10

① 病気で□□《けっせき》する。

② わたしの□□《けってん》。

③ コップが（　　）《かける》。

④ □□《しゅっけつ》を調べる。

11

① □□《ざんきん》をはらう。

② 教室に（　　）《のこされる》。

③ 貯金《ちょきん》の□□《ざんだか》。

④ 売れ（　　）《のこる》。

12

① 負けて□□《ざんねん》だ。

② □《ねん》を入れる。

③ □□《きねん》の木。

④ （　　）《ねんいり》に調べる。

復習テスト(1) 読み

月　日

時間 20分 【はやい15分・おそい25分】

合格 80点 (一つ4点)

得点　点

1 ——線の漢字の読み方を書きなさい。

① 結局だめだった。

② 大漁のはた。

③ この辺りで休もう。

④ ひもを結び直す。

⑤ 順番に乗車する。

⑥ 残金を返す。

⑦ 海水浴に行く。

⑧ 漁船が船出する。

2 ——線の漢字の読み方を書きなさい。

① 念入りに調べる。

② 教室に残る。

③ まるで別人だ。

④ 美点と欠点。

⑤ 身辺の出来事を話す。

⑥ 海辺を歩く。

⑦ 駅で別れる。

⑧ 負けて残念だ。

3 ——線の漢字の読み方を書きなさい。

① 水浴びをする。

② 皿が欠ける。

③ 漁業をいとなむ。

④ 人の道を説く。

⑤ ごはんを残す。

⑥ 説明会に出席する。

⑦ 水平線に陸地が見える。

⑧ 別の言いかたをする。

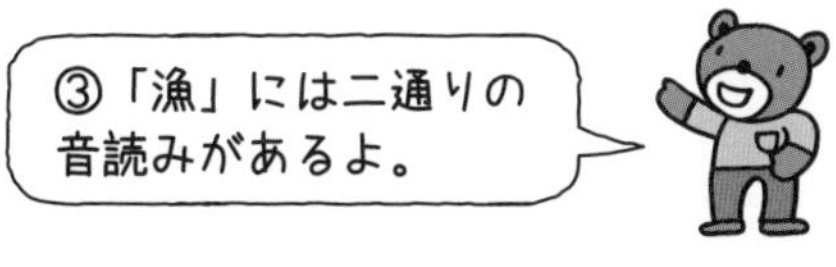

復習テスト(1) 書き

月　日

時間 20分 【はやい15分・おそい25分】
合格 80点 （一つ4点）
得点　　点

1 次の漢字を書きなさい。

① □□《じゅんばん》を守る。
② 三角形の□《へん》の長さ。
③ 後ろの□《せき》にすわる。
④ 鳥の（　　）《みずあび》。
⑤ それは□《べつ》の話だ。
⑥ 船が□《りく》に近づく。
⑦ （　　）《むすび》目をほどく。
⑧ □□《よくしつ》のそうじ。

2 次の漢字を書きなさい。

① 両親を（　　）《とき》ふせる。
② □《ねん》を入れて調べる。
③ 駅で（　　）《わかれる》。
④ 病気で□□《けっせき》する。
⑤ （　　）《のこり》少ない夏休み。
⑥ □□《ぎょぎょう》組合。
⑦ 島に□□《じょうりく》する。
⑧ □□《ざんねん》な□《けっ》果《か》。

3 次の漢字を書きなさい。

① 船で□《りょう》に出る。
② □□《うみべ》の波の音。
③ 教室の□□《せきじゅん》。
④ 苦心が実を（　　）《むすぶ》。
⑤ （　　）《あたり》はまっ暗だ。
⑥ □□《しょうせつ》を読む。
⑦ シャワーを（　　）《あびる》。
⑧ 月が（　　）《かける》。

8日　熱・協・的・司・標・求

熱　13

音　ネツ
訓　あつ|い
部首　灬（れんが・れっか）
意味　温度が高い。体温。心をうちこむ。

画数　15

・筆順どおりに書きなさい。

うえにはねる　みぎうえに　むきにちゅうい

熱

●――線の漢字の読み方を書きなさい。

①　熱心。（　　）
②　熱が出る。（　　）
③　熱いお茶。（　　）
④　熱中する。（　　）

協　14

音　キョウ
訓　―
部首　十（じゅう）
意味　力をあわせる。

画数　8

・筆順どおりに書きなさい。

とめる　はねる　つきだしてはらう

協

●――線の漢字の読み方を書きなさい。

①　協力する。（　　）
②　協議《ぎ》。（　　）
③　協会。（　　）
④　協調性《せい》。（　　）

的　15

音　テキ
訓　まと
部首　白（しろ）
意味　まと。めあて。（他の言葉の下につけて）…のようである。

画数　8

・筆順どおりに書きなさい。

はねる　はらう

的

●――線の漢字の読み方を書きなさい。

①　目的。（　　）
②　的中。（　　）
③　文化的。（　　）
④　的はずれ。（　　）

司　16

音　シ
訓　―
部首　口（くち）
意味　中心となってその仕事をとりあつかう。その人。

画数　5

・筆順どおりに書きなさい。

はねる

司

●――線の漢字の読み方を書きなさい。

①　司会者。（　　）
②　上司。（　　）
③　行司。（　　）
④　司令《れい》に従《したが》う。（　　）

標　17

音　ヒョウ
訓　―
部首　木（きへん）
意味　しるし。めあて。まと。

画数　15

・筆順どおりに書きなさい。

とめる　はねる

標

●――線の漢字の読み方を書きなさい。

①　目標。（　　）
②　標語。（　　）
③　花の標本。（　　）
④　標準《じゅん》語《ご》。（　　）

求　18

音　キュウ
訓　もと|める
部首　水（みず）
意味　のぞむ。さがす。買い入れる。

画数　7

・筆順どおりに書きなさい。

はねる　みぎうえに　はらう

求

●――線の漢字の読み方を書きなさい。

①　追求。（　　）
②　買い求める。（　　）
③　要《よう》求。（　　）
④　平和を求める。（　　）

書いてみよう

月　日

時間 20分 【はやい15分・おそい25分】

合格 20問

正答　／24問

13

① ［　　］《ねっしん》に聞く。

② （　　）《あつい》お茶。

③ 高い［　］《ねつ》が出る。

④ 仕事に［　　］《ねっちゅう》する。

14

① ［　　］《きょうりょく》する。

② サッカー［　　］《きょうかい》。

③ 漁業［　　］《きょうどう》組合。

④ 全員で［　］《きょう》議《ぎ》する。

15

① ［　　］《もくてき》地へ向かう。

② ［　　　］《ぶんかてき》な生活。

③ 矢が［　］《まと》に当たる。

④ 予想が［　　］《てきちゅう》する。

16

① ［　　］《しかい》者。

② 会議《かいぎ》の［　　］《しかい》をする。

③ すもうの［　　］《ぎょうじ》。

④ 父の会社の［　　］《じょうし》。

17

① 花の［　　］《ひょうほん》。

② ［　　］《もくひょう》を決める。

③ 交通安全の［　　］《ひょうご》。

④ ［　］《ひょう》準語《じゅんご》を話す。

18

① 買い（　　）《もとめる》。

② 理想を［　　］《ついきゅう》する。

③ 助けを（　　）《もとめる》。

④ 自由を要《よう》［　］《きゅう》する。

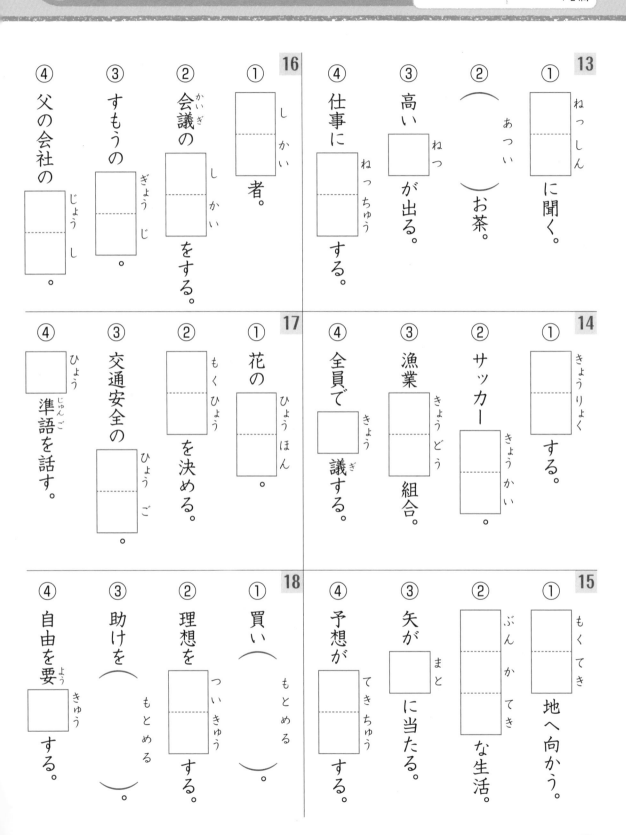

月　日

9日 必・成・案・課・利・約

必 19

音 ヒツ
訓 かならず
部首 心（こころ）
意味 かならず。まちがいなく。たしかに。

画数 5

1 丶　2 ソ　3 义（はねる）　4 必（とめる）　5 必

・筆順どおりに書きなさい。

必

―線の漢字の読み方を書きなさい。

① 必要《よう》。（　）
② 必勝。（　）
③ 必ず帰る。（　）
④ 必死。（　）

成 20

音 セイ・（ジョウ）
訓 なる・なす
部首 戈（ほこづくり・ほこがまえ）
意味 できあがる。なる。育つ。なしとげる。

画数 6

1 丿　2 厂（はねる）　3 万　4 成（うえにはねる）　5 成　6 成（わすれずに）

・筆順どおりに書きなさい。

成

―線の漢字の読み方を書きなさい。

① 賛《さん》成。（　）
② 事を成す。（　）
③ 成長。（　）
④ 絵の完《かん》成。（　）

案 21

音 アン
訓 ―
部首 木（き）
意味 思う。考え。意見。

画数 10

1 丶（たてに）　2 丷　3 宀　4 它　5 安　6 安（ながく）　7 安　8 案（とめる）　9 案（はらう）　10 案（はらう）

・筆順どおりに書きなさい。

案

―線の漢字の読み方を書きなさい。

① 案を出す。（　）
② 名案。（　）
③ 案内。（　）
④ 案外おもしろい。（　）

課 22

音 カ
訓 ―
部首 言（ごんべん）
意味 わりあてる。仕事や教科書のひとくぎり。

画数 15

1 丶（てん）　2・3・4 言　5 言　6 言　7 言　8 言　9 訁　10 訂　11 訶　12 諀　13 評　14・15 課

・筆順どおりに書きなさい。

課

―線の漢字の読み方を書きなさい。

① 放課後。（　）
② 課題。（　）
③ 理科の学課。（　）
④ 日課。（　）

利 23

音 リ
訓 （きく）
部首 刂（りっとう）
意味 もうけ。つごうがよい。するどい。

画数 7

1 ノ（ひだりにはらう）　2 ニ　3 千（とめる）　4 千　5 禾　6 禾（みじかく）　7 利（はねる）

・筆順どおりに書きなさい。

利

―線の漢字の読み方を書きなさい。

① 利用。（　）
② 便《べん》利。（　）
③ 利益《えき》が出る。（　）
④ 勝利。（　）

約 24

音 ヤク
訓 ―
部首 糸（いとへん）
意味 やくそく。ちぢめる。およそ。

画数 9

1 く　2 幺　3 幺　4 糸（とめる）　5 糸　6 糸　7 糸　8 約（はねる）　9 約

・筆順どおりに書きなさい。

約

―線の漢字の読み方を書きなさい。

① 予約。（　）
② 約束《そく》。（　）
③ 約千年前。（　）
④ 節《せっ》約。（　）

月　日

書いてみよう

時間 20分【はやい15分・おそい25分】
合格 20問
正答　　/24問

19

① （　　）《かならず》帰る。
② 水が□《ひつ》要《よう》だ。
③ □□《ひっしょう》をいのる。
④ □□《ひっし》の努力《どりょく》。

20

① 賛《さん》□《せい》する。
② 子供《こども》の□□《せいちょう》。
③ 鳥が群《む》れを（　　）《なす》。
④ 工事が完《かん》□《せい》した。

21

① 道を□□《あんない》する。
② □□《あんがい》よくできた。
③ よい□《あん》を考える。
④ □□《めいあん》がうかぶ。

22

① □□□《ほうかご》。
② □□《かだい》図書を読む。
③ □□□《にっかひょう》を作る。
④ □□《かがい》活動。

23

① □□《りよう》する。
② □《り》益《えき》が少ない。
③ 便《べん》□《り》な道具。
④ □□《しょうり》は目前だ。

24

① □《やく》百年前。
② □《やく》束《そく》を守る。
③ 席を□□《よやく》する。
④ 水を節《せっ》□《やく》する。

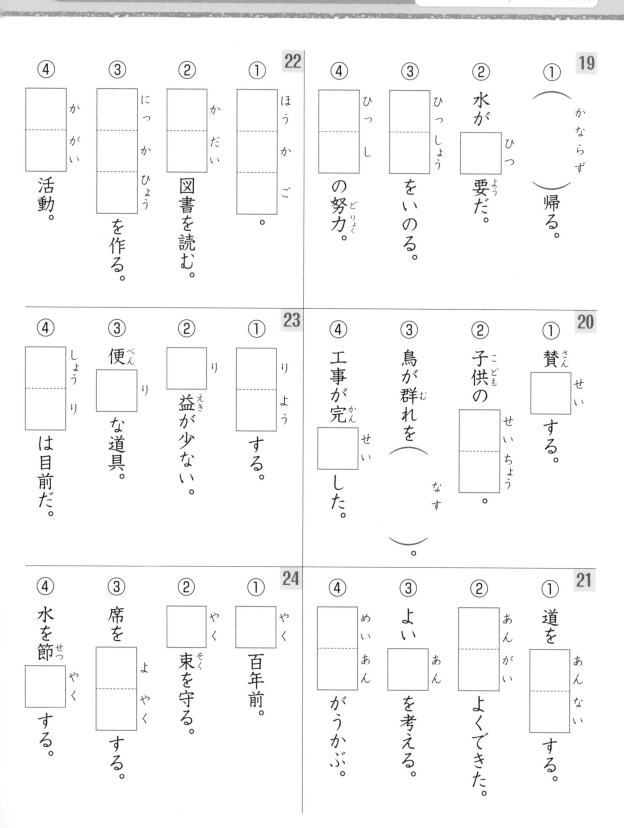

10日　録・無・辞・典・井・管

25 録

音　ロク
訓　―
部首　釒（かねへん）
意味　書きしるす。書きしるしたもの。

画数　16

・筆順どおりに書きなさい。
（つきださない／はねる／みぎうえに）

―線の漢字の読み方を書きなさい。

① 記録。（　　）
② 登録。（　　）
③ 録音する。（　　）
④ 録画。（　　）

26 無

音　ム・ブ
訓　ない
部首　灬（れんが・れっか）
意味　ない。欠けている。

画数　12

・筆順どおりに書きなさい。
（はらう／ながく／ひだりむきに）

―線の漢字の読み方を書きなさい。

① 無理をする。（　　）
② 無事。（　　）
③ 水が無い。（　　）
④ 無色。（　　）

27 辞

音　ジ
訓　（やめる）
部首　辛（からい）
意味　言葉。文章。やめる。

画数　13

・筆順どおりに書きなさい。
（はらう／ながく／たてに）

―線の漢字の読み方を書きなさい。

① 古い辞書。（　　）
② 式辞。（　　）
③ 辞退《たい》する。（　　）
④ 辞表。（　　）

28 典

音　テン
訓　―
部首　八（は）
意味　きまり。ぎしき。本のこと。書物。

画数　8

・筆順どおりに書きなさい。
（つきだす／とめる／さゆうにつきだす）

―線の漢字の読み方を書きなさい。

① 国語辞典。（　　）
② 古典。（　　）
③ 百科事典。（　　）
④ 式典。（　　）

29 井

音　（セイ）・（ショウ）
訓　い
部首　二（に）
意味　井戸。いげたの形。町中。

画数　4

・筆順どおりに書きなさい。
（はらう／とめる）

―線の漢字の読み方を書きなさい。

① 福井県。（　　）
② 井戸水。（　　）
③ 福井市。（　　）
④ 福井出身。（　　）

30 管

音　カン
訓　くだ
部首　⺮（たけかんむり）
意味　くだ。つつ。とりしまる。ふえ。

画数　14

・筆順どおりに書きなさい。
（とめる／はらう／たてに）

―線の漢字の読み方を書きなさい。

① 血管。（　　）
② ゴムの管。（　　）
③ 管理する。（　　）
④ 管楽器《がっき》。（　　）

書いてみよう

月　日

時間 20分【はやい15分・おそい25分】
合格 20問
正答　／24問

25

① 成長□□《きろく》。

② 歌を□□《ろくおん》する。

③ □□□《じゅうしょろく》を作る。

④ 入会の□□《とうろく》。

26

① □□《むり》はしない。

② 底《そこ》（　　）《なし》のぬま。

③ □□《ぶじ》に帰る。

④ □□《むめい》の新人。

27

① □□《じしょ》を引く。

② □□《じひょう》を出す。

③ 出場を□《じ》退《たい》する。

④ 校長先生の□□《しきじ》。

28

① 国語□□《じてん》。

② 日本の□□《こてん》。

③ 百科□□《じてん》。

④ 入学式の□□《しきてん》。

29

① □□《ふくい》県に行く。

② □□《いど》水をくむ。

③ □□《ふくい》市から来る。

④ □□《いど》をほる。

30

① 水道□《かん》がつまる。

② □□《けっかん》が切れる。

③ ビニールの□《くだ》。

④ 笛は□《かん》楽器《がっき》だ。

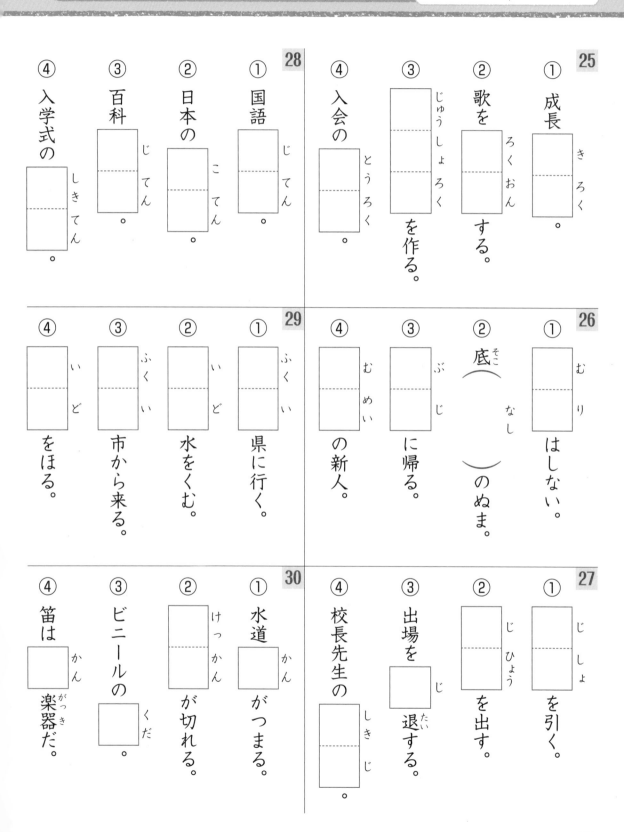

月　日

11日 復習テスト(2) 読み

時間 20分【はやい15分・おそい25分】
合格 80点（一つ4点）
得点　点

1 ——線の漢字の読み方を書きなさい。

① 案外やさしい人だ。
② 約一万人入場する。
③ テープに録音する。
④ 無理に出かける。
⑤ 文化的な生活。
⑥ 放課後に遊ぶ。
⑦ 案内人にたずねる。
⑧ パーティーの司会。

2 ——線の漢字の読み方を書きなさい。

① 会社の課長。
② 必ずバスを利用する。
③ こん虫の標本。
④ 住所録を作る。
⑤ 辞書を持って行く。
⑥ 古典を調べる。
⑦ 井戸水をのむ。
⑧ みんなで協力する。

3 ——線の漢字の読み方を書きなさい。

① 平和を求める。
② 必死に泳ぐ。
③ 熱心に話を聞く。
④ 福井県に行く。
⑤ 成長の記録。
⑥ 成人式をむかえる。
⑦ 体内の血管。
⑧ 熱いスープを飲む。

復習テスト(2) 書き

月　日

時間 20分【はやい15分・おそい25分】
合格 80点（一つ4点）
得点　点

1 次の漢字を書きなさい。

① □□《じしょ》を買う。
② □《まと》が外れる。
③ 幸福を□□《ついきゅう》する。
④ □□《ねっしん》に勉強する。
⑤ □□《いど》をほる。
⑥ 平和の□□《しきてん》。
⑦ 文化□《てき》な生活。
⑧ □□□《すいどうかん》の工事。

2 次の漢字を書きなさい。

① すもうの□□《ぎょうじ》。
② □《り》益《えき》を（　）《もとめる》。
③ □□□《ほうかご》の教室。
④ それは□□《めいあん》だ。
⑤ お金を□□《かんり》する。
⑥ 友人と□□《きょうりょく》する。
⑦ □□《ふくい》県に住む。
⑧ 交通安全の□□《ひょうご》。

3 次の漢字を書きなさい。

① □《やく》束《そく》は守る。
② よい□□《きろく》を出す。
③ □□《ひっし》で努力《どりょく》する。
④ □□《しょうり》をおさめる。
⑤ 社会科の□□《かだい》。
⑥ 賛《さん》□《せい》と反対。
⑦ （　）《ない》物ねだり。
⑧ （　）《かならず》返します。

12日 まとめテスト(1) 読み

月　日

時間 20分 【はやい15分・おそい25分】
合格 80点 (一つ4点)
得点　　点

1 ――線の漢字の読み方を書きなさい。

① 交通安全の標語。
② 司会者。
③ 道を案内する。
④ 放課後に集まる。
⑤ ノートに記録する。
⑥ 漢和辞典。
⑦ 井戸がかれる。
⑧ 陸橋をわたる。

2 ――線の漢字の読み方を書きなさい。

① 自分の席につく。
② ゴムの管がのびる。
③ 漁業をいとなむ。
④ 順番にならべる。
⑤ 海辺の風景《ふうけい》。
⑥ 必ず勉強する。
⑦ 味方の勝利だ。
⑧ 兄と約束《そく》をする。

3 ――線の漢字の読み方を書きなさい。

① メモ帳を利用する。
② 海で漁をする。
③ わかりやすい説明。
④ アパートの管理人。
⑤ 食事を要《よう》求する。
⑥ とても残念な結果《か》だ。
⑦ 右と左に別れる。
⑧ 無事でなによりだ。

まとめテスト(1)　書き

月　日

時間 20分【はやい15分・おそい25分】
合格 80点（一つ4点）
得点　　点

1 次の漢字を書きなさい。

① （　　）《かならず》□《きょう》議《ぎ》する。
② 国語□□《じてん》。
③ お金の□□《かんり》。
④ □□《ぎょぎょう》組合。
⑤ 話し合いの□《けっ》果《か》。
⑥ 早起きが□□《にっか》だ。
⑦ ロープを（　　）《むすぶ》。
⑧ □□《むり》をするな。

2 次の漢字を書きなさい。

① くわしく□□《せつめい》する。
② 電車を□□《りよう》する。
③ □《やく》五千年前。
④ □□《めいあん》を思いつく。
⑤ 実験《じっけん》が□《せい》功《こう》する。
⑥ □□《うみべ》を散歩《さんぽ》する。
⑦ むだを（　　）《なくす》。
⑧ （　　）《みずあび》をする。

3 次の漢字を書きなさい。

① 不安《ふあん》が（　　）《のこる》。
② 三角形の底《てい》□《へん》。
③ 人との（　　）《むすび》つき。
④ 授業《じゅぎょう》を□□《けっせき》する。
⑤ □□《ねっとう》で消毒《しょうどく》する。
⑥ 注意力に（　　）《かける》。
⑦ 水分が□《ひつ》要《よう》だ。
⑧ □□《もくてき》を決める。

13日　徒・競・選・茨・要・城

31 徒

画数 10

音 ト
訓 ―
部首 彳（ぎょうにんべん）
意味 歩く。むだをする。なかま。何も持たない。

・筆順どおりに書きなさい。

――線の漢字の読み方を書きなさい。

①徒歩。（　　）
②仏《ぶっ》教徒。（　　）
③生徒。（　　）
④徒労《ろう》に終わる。（　　）

32 競

画数 20

音 キョウ・ケイ
訓 （きそう）・（せる）
部首 立（たつ）
意味 あらそい。きそう。

・筆順どおりに書きなさい。

――線の漢字の読み方を書きなさい。

①徒競走。（　　）
②競技《ぎ》場。（　　）
③競歩。（　　）
④競馬場。（　　）

33 選

画数 15

音 セン
訓 えらぶ
部首 辶（しんにょう・しんにゅう）
意味 多くの中からより出す。

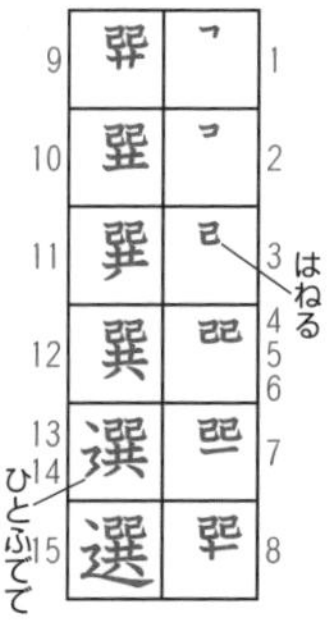

・筆順どおりに書きなさい。

――線の漢字の読み方を書きなさい。

①選挙《きょ》。（　　）
②品物を選ぶ。（　　）
③予選。（　　）
④野球選手。（　　）

34 茨

画数 9

音 ―
訓 いばら
部首 艹（くさかんむり）
意味 イバラ。とげのあるひくい木。

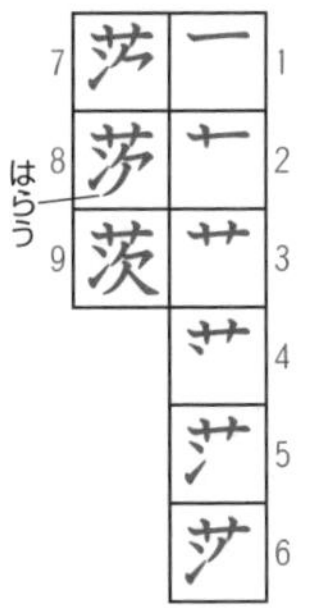

・筆順どおりに書きなさい。

――線の漢字の読み方を書きなさい。

①茨城県。（　　）
②茨の道。（　　）
③茨木市。（　　）
④茨ひめ。（　　）

35 要

画数 9

音 ヨウ
訓 かなめ・（いる）
部首 覀（おおいかんむり）
意味 大切なところ。もとめる。

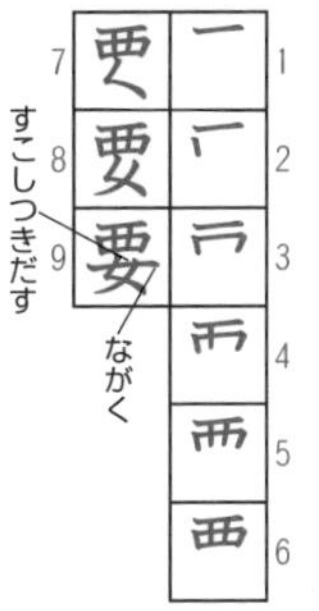

・筆順どおりに書きなさい。

――線の漢字の読み方を書きなさい。

①要求。（　　）
②かんじん要。（　　）
③話の要約。（　　）
④必要。（　　）

36 城

画数 9

音 ジョウ
訓 しろ
部首 土（つちへん）
意味 しろ。敵《てき》を防《ふせ》ぐためのとりで。

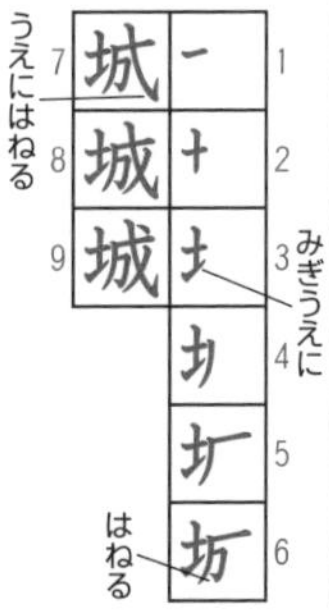

・筆順どおりに書きなさい。

――線の漢字の読み方を書きなさい。

①城下町。（　　）
②城をきずく。（　　）
③大阪《おおさか》城。（　　）

書いてみよう

月　日

時間 20分【はやい15分・おそい25分】
合格 20問
正答　/24問

31

① 中学の□□《せいと》。

② キリスト□□《きょうと》。

③ □□《としゅ》体操《たいそう》をする。

④ 駅へ□□《とほ》で五分。

32

① □《きょう》技《ぎ》場。

② 友人と□《きょう》争《そう》する。

③ □□□《ときょうそう》。

④ □□□《けいばじょう》。

33

① 会長を（　　）《えらぶ》。

② 見事、□□《とうせん》する。

③ 児童会《じどうかい》の□《せん》挙《きょ》。

④ リレーの□□《せんしゅ》。

34

① □□《いばらき》県に住む。

② □《いばら》の道を歩む。

③ □□《いばらき》大学で学ぶ。

④ □□《いばらき》空港に行く。

35

① □□《じゅうよう》な仕事。

② 母に□□《ようきゅう》する。

③ □《かなめ》となって働《はたら》く。

④ 急ぐ□□《ひつよう》がある。

36

① □□□《じょうかまち》。

② □《しろ》をきずく。

③ 大阪《おおさか》□《じょう》。

④ □□《じょうしゅ》の子孫《しそん》。

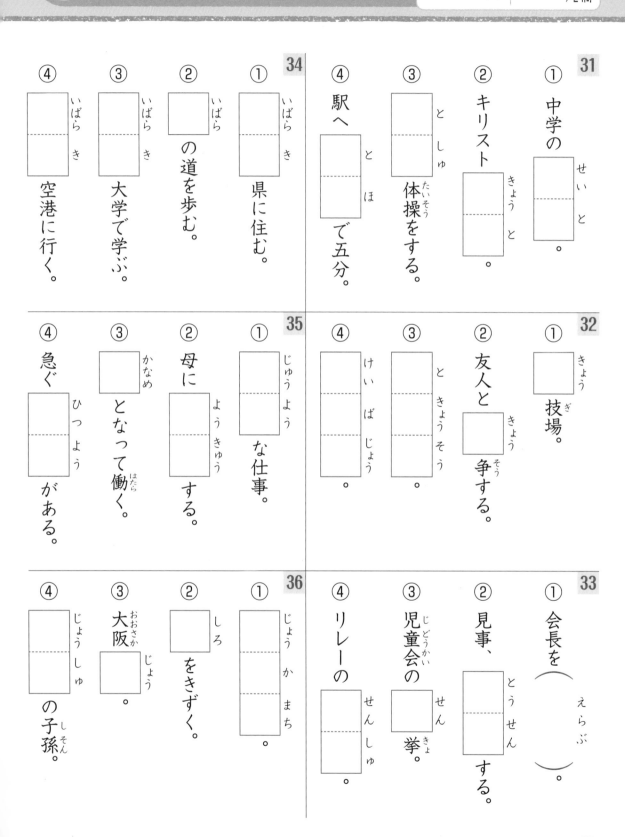

14日　愛・関・省・媛・票・氏

37 愛

音 アイ

訓 ―

画数 13

部首 心（こころ）

意味 かわいがる。大切にする。

・筆順どおりに書きなさい。

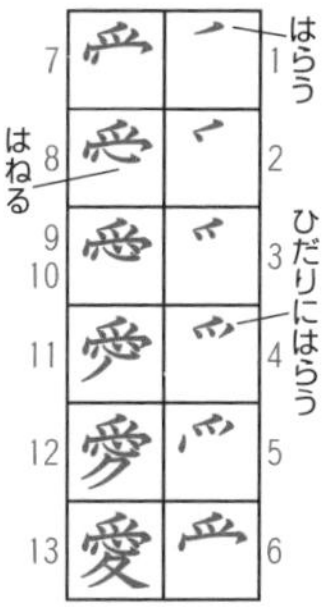

――線の漢字の読み方を書きなさい。

① 親の愛。（　）
② 愛犬。（　）
③ 愛読書。（　）
④ 愛情《じょう》。（　）

38 関

音 カン

訓 せき・かかわる

画数 14

部首 門（もんがまえ）

意味 出入り口。かかわる。だいじなところ。

・筆順どおりに書きなさい。

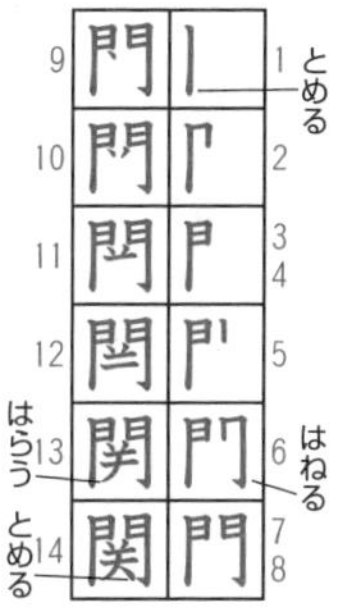

――線の漢字の読み方を書きなさい。

① 関係。（　）
② 関東地方。（　）
③ 関所。（　）
④ 関わりあう。（　）

39 省

音 セイ・ショウ

訓 はぶく・（かえりみる）

画数 9

部首 目（め）

意味 とりのぞく。へらす。かえりみる。

・筆順どおりに書きなさい。

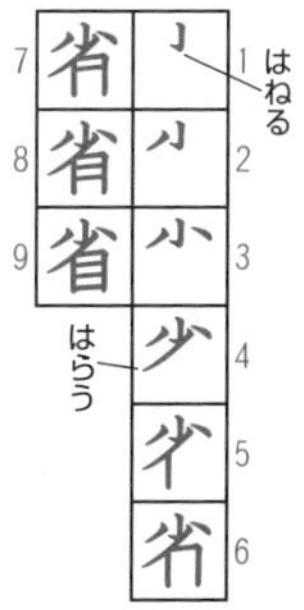

――線の漢字の読み方を書きなさい。

① 反省する。（　）
② 省エネ。（　）
③ むだを省く。（　）
④ 帰省。（　）

40 媛

音 （エン）

訓 ―

画数 12

部首 女（おんなへん）

意味 美しい女の人。身分の高い人のむすめ。

・筆順どおりに書きなさい。

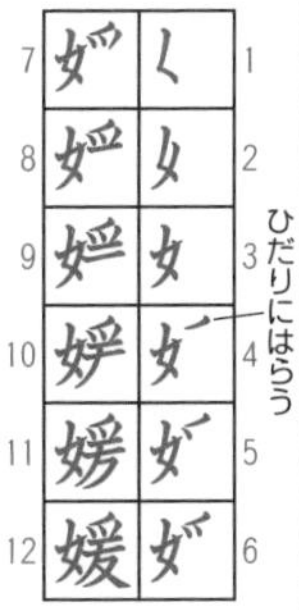

――線の漢字の読み方を書きなさい。

① 愛媛県。（　）
② 愛媛大学。（　）
③ 愛媛みかん。（　）
④ 愛媛出身。（　）

41 票

音 ヒョウ

訓 ―

画数 11

部首 示（しめす）

意味 ふだ。くじ。投票すること。

・筆順どおりに書きなさい。

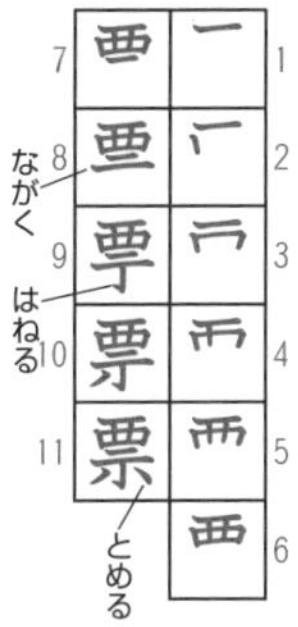

――線の漢字の読み方を書きなさい。

① 投票する。（　）
② 伝《でん》票。（　）
③ 一票。（　）
④ 開票。（　）

42 氏

音 シ

訓 （うじ）

画数 4

部首 氏（うじ）

意味 うじ。名字《みょうじ》。名前の下につける言葉。

・筆順どおりに書きなさい。

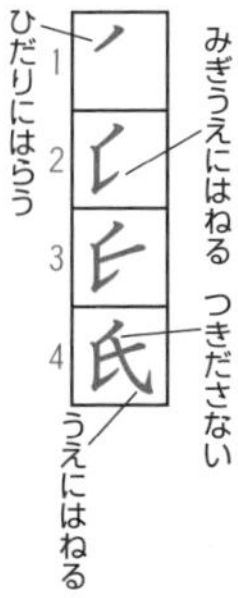

――線の漢字の読み方を書きなさい。

① 氏名。（　）
② 氏族。（　）
③ 前田氏。（　）
④ 七氏十五度。（　）

書いてみよう

月　日

時間 20分 【はやい15分・おそい25分】
合格 20問
正答 　/24問

37

① 親の□《あい》。

② ぼくの□□《あいけん》。

③ わたしの□□□《あいどくしょ》。

④ 両親の□《あい》情《じょう》。

38

① □□《かんしん》を持つ。

② 人との（　　）《かかわり》。

③ 箱根《はこね》の□□《せきしょ》。

④ 電気機《き》□《かん》車《しゃ》。

39

① 深く□□《はんせい》する。

② 文部《もんぶ》科学《かがく》□《しょう》。

③ 一部□《しょう》略《りゃく》する。

④ むだを（　　）《はぶく》。

40

① □□《えひめ》県に行く。

② □□《えひめ》大学で学ぶ。

③ □□《えひめ》産《さん》のミカン。

④ □□《えひめ》生まれの父。

41

① □□《かいひょう》する。

② 一□《ぴょう》を入れる。

③ □□《とうひょう》に行く。

④ 伝《でん》□《ぴょう》を書く。

42

① □□《しめい》を書く。

② 山田□《し》は語った。

③ □□《しぞく》は先祖《せんぞ》が同じ。

④ 平□《し》がほろびる。

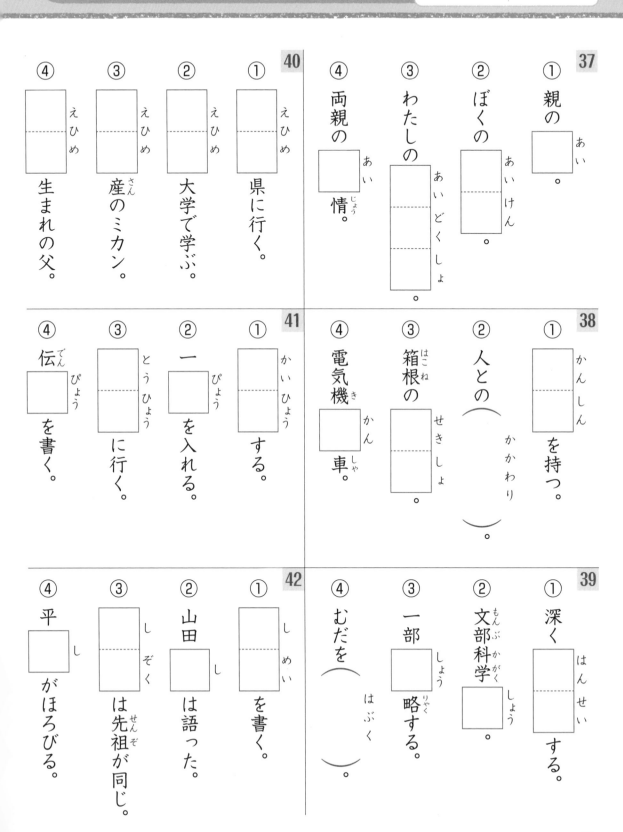

郵便はがき

5 5 0 - 0 0 1 3

お手数ですが
切手をおはり
ください。

大阪市西区新町3-3-6

受験研究社

愛読者係 行

● ご住所 □□□-□□□□

TEL(

● お名前

※任意
(男・女

● 在学校 □保育園・幼稚園 □中学校 □専門学校・大学 学年
□小学校 □高等学校 □その他(　　　) (歳

● お買い上げ書店名(所在地) 書店(市 区 町 村

★すてきな賞品をプレゼント！
お送りいただきました愛読者カードは、毎年12月末にしめきり，抽選のうえ100名様にすてきな賞品をお贈りいたします。

★LINEでダブルチャンス！
公式LINEを友達追加頂きアンケートにご回答頂くと，上記プレゼントに加え，夏と冬の特別抽選会で記念品をプレゼントいたします！

※当選者の発表は賞品の発送をもってかえさせていただきます。 https://lin.ee/cWvAh

株式会社 増進堂
受験研究社
愛読者カード

本書をお買い上げいただきましてありがとうございます。あなたのご意見・ご希望を参考に，今後もより良い本を出版していきたいと思います。ご協力をお願いします。

1. この本の書名（本のなまえ）　　お買い上げ

年　　月

2. どうしてこの本をお買いになりましたか。
□書店で見て　□先生のすすめ　□友人･先輩のすすめ　□家族のすすめで
□塾のすすめ　□WEB･SNSを見て　□その他(　　　　)

3. 当社の本ははじめてですか。
□はじめて　□2冊目　□3冊目以上

4. この本の良い点，改めてほしい点など，ご意見・ご希望をお書きください。

5. 今後どのような参考書・問題集の発行をご希望されますか。あなたのアイデアをお書きください。

6. 塾や予備校，通信教育を利用されていますか。
塾・予備校名［　　　　］
通信教育名　［　　　　］

画の参考，新刊等のご案内に利用させていただきます。　2024.2

15日 差・沖・法・縄・共・類

43 差

画数 10

音 サ

訓 さす

部首 エ（え・たくみ）

意味 ちがい。さしひきのひらき。

● 筆順どおりに書きなさい。

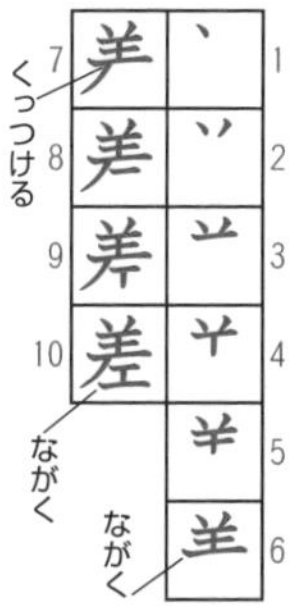

● ――線の漢字の読み方を書きなさい。

① 時差。（　）
② 二点の差。（　）
③ 交差点。（　）
④ 夕日が差す。（　）

44 沖

画数 7

音 （チュウ）

訓 おき

部首 氵（さんずい）

意味 陸《りく》からはなれた海の上。

● 筆順どおりに書きなさい。

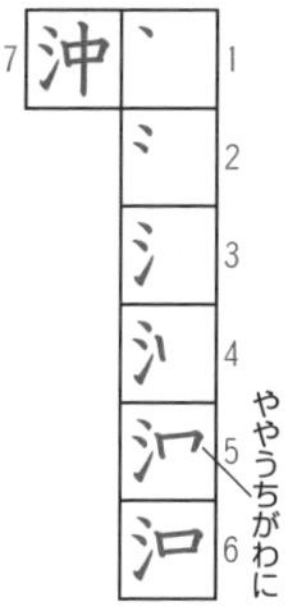

● ――線の漢字の読み方を書きなさい。

① 沖縄県。（　）
② 沖合。（　）
③ 沖縄旅行。（　）
④ 沖ノ《の》鳥島《とりしま》。（　）

45 法

画数 8

音 ホウ・（ハッ）・（ホッ）

訓 ――

部首 氵（さんずい）

意味 すべてに通じるきまり。きそく。やりかた。

● 筆順どおりに書きなさい。

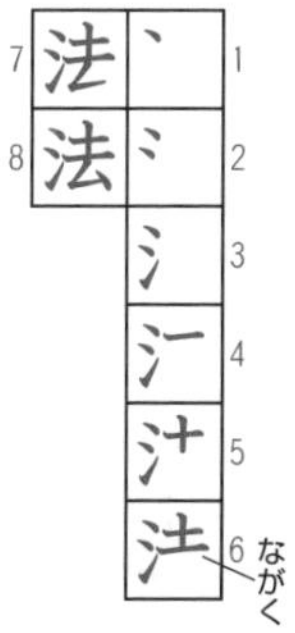

● ――線の漢字の読み方を書きなさい。

① 方法。（　）
② 魔《ま》法のランプ。（　）
③ 作法。（　）
④ 日本国憲《けん》法。（　）

46 縄

画数 15

音 （ジョウ）

訓 なわ

部首 糸（いとへん）

意味 わらやぬのをよって作ったひも。

● 筆順どおりに書きなさい。

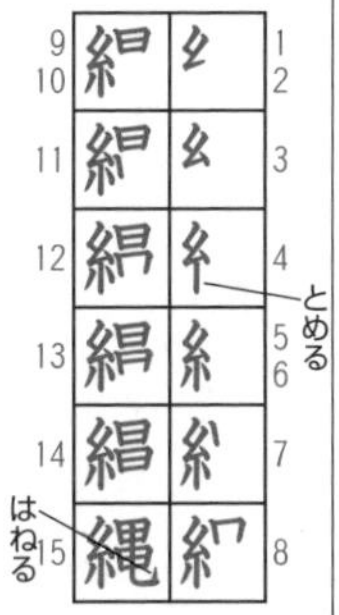

● ――線の漢字の読み方を書きなさい。

① 沖縄県。（　）
② 縄で結ぶ。（　）
③ 縄とび。（　）
④ ゴム縄。（　）

47 共

画数 6

音 キョウ

訓 とも

部首 八（はち）

意味 いっしょに。ともに。

● 筆順どおりに書きなさい。

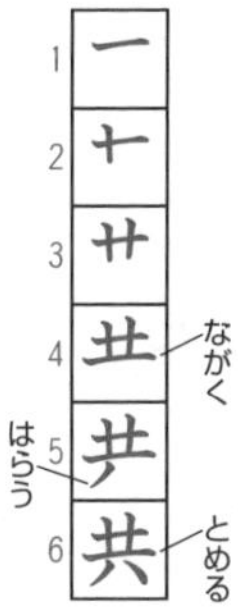

● ――線の漢字の読み方を書きなさい。

① 共食い。（　）
② 公共。（　）
③ 共学。（　）
④ 共同生活。（　）

48 類

画数 18

音 ルイ

訓 たぐい

部首 頁（おおがい）

意味 にている。同じなかま。

● 筆順どおりに書きなさい。

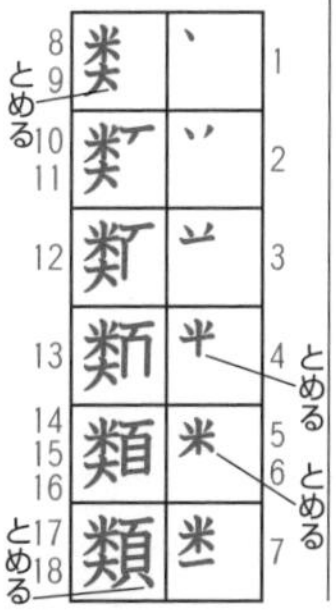

● ――線の漢字の読み方を書きなさい。

① 分類。（　）
② 類を見ない。（　）
③ 衣《い》類。（　）
④ 類いない美しさ。（　）

書いてみよう

月　日

時間 20分【はやい15分・おそい25分】

合格 20問

正答 /24問

43

① □□《じさ》を計算する。

② 一点□《さ》で負ける。

③ （　）《ひざし》が強い。

④ □□《たいさ》で勝つ。

44

① □□《おきなわ》県に行く。

② □□《おきあい》に出る。

③ □《おき》にカモメがいる。

④ □《おき》に流される。

45

① 国の□《ほう》律《りつ》。

② よい□□《ほうほう》を発見。

③ お茶の□□《さほう》。

④ 魔《ま》□《ほう》使い。

46

① □□《おきなわ》県に住む。

② □《なわ》でつなぐ。

③ □《なわ》とびをする。

④ □《なわ》張《ば》り争《あらそ》い。

47

① 男女□□《きょうがく》。

② 方言と□□《きょうつう》語。

③ かまきりの（　）《ともぐい》。

④ □□《きょうどう》ぼ金。

48

① □□《じんるい》の平和。

② □□《ぶんるい》する。

③ □《るい》のない美しさ。

④ （　）《たぐい》ない高い山。

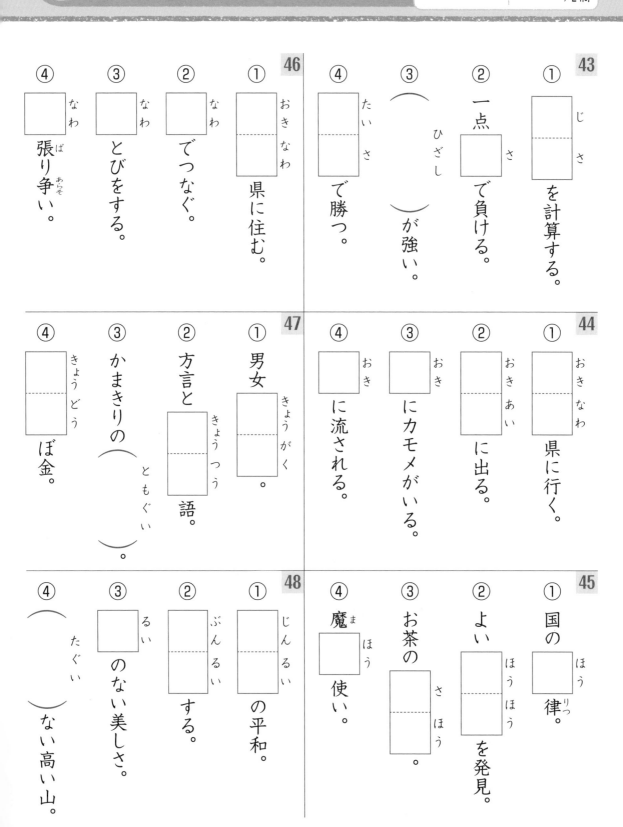

16日 復習テスト(3)

読み

月　日

時間 20分【はやい15分・おそい25分】
合格 80点（一つ4点）
得点　点

1 ――線の漢字の読み方を書きなさい。

① 茨城県に行く。（　　）
② 縄とびをする。（　　）
③ 沖合に出る。（　　）
④ 愛媛県から来る。（　　）
⑤ 重要なはたらき。（　　）
⑥ 類いまれな才能《さいのう》。（　　）
⑦ よい方法を考える。（　　）
⑧ 沖縄の海でおよぐ。（　　）

2 ――線の漢字の読み方を書きなさい。

① 平和を愛する。（　　）
② 友人に投票する。（　　）
③ よく反省する。（　　）
④ 友人と共に学ぶ。（　　）
⑤ 親類の子ども。（　　）
⑥ 兄と弟の関係。（　　）
⑦ すもうの関取。（　　）
⑧ 城まで徒歩で行く。（　　）（　　）

3 ――線の漢字の読み方を書きなさい。

① 一点の差で勝つ。（　　）
② 宮城県に行く。（　　）
③ 他人と関わりあう。（　　）
④ 愛らしい子ねこ。（　　）
⑤ 共同で仕事をする。（　　）
⑥ むだを省く。（　　）
⑦ 城下町に行く。（　　）
⑧ かんじん要の問題だ。（　　）

復習テスト(3) 書き

月　日

時間 20分【はやい15分・おそい25分】
合格 80点（一つ4点）
得点　　点

1 次の漢字を書きなさい。

① 深く□□《はんせい》する。
② □□《あいけん》と公園で遊ぶ。
③ 少しの□《さ》で負ける。
④ □《しろ》をきずく。
⑤ □□《おきなわ》県に行く。
⑥ □□《じょうしゅ》に会う。
⑦ 文部科学《もんぶかがく》□《しょう》。
⑧ 住所と□□《しめい》を書く。

2 次の漢字を書きなさい。

① 箱根《はこね》の□□《せきしょ》。
② □□《じゅうよう》な人物。
③ □□《えひめ》県に行く。
④ かれは□□《せいと》会長だ。
⑤ 陸上□《きょう》技《ぎ》。
⑥ □□《いばらき》県に住む。
⑦ □□《とうひょう》に行く。
⑧ 代表者を□□《せんこう》する。

3 次の漢字を書きなさい。

① □□《きょうどう》生活をする。
② □《なわ》とびをする。
③ □《いばら》の道を（　　）《えらぶ》。
④ 深い（　　）《かかわり》あい。
⑤ □□《じんるい》の歴史《れきし》。
⑥ 野球□□《せんしゅ》。
⑦ お茶の□□《さほう》。
⑧ □□《みやぎ》県から来る。

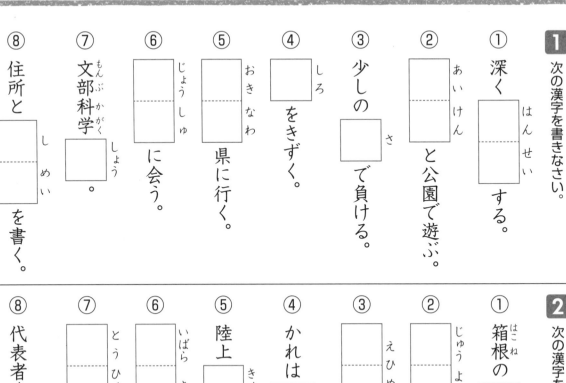

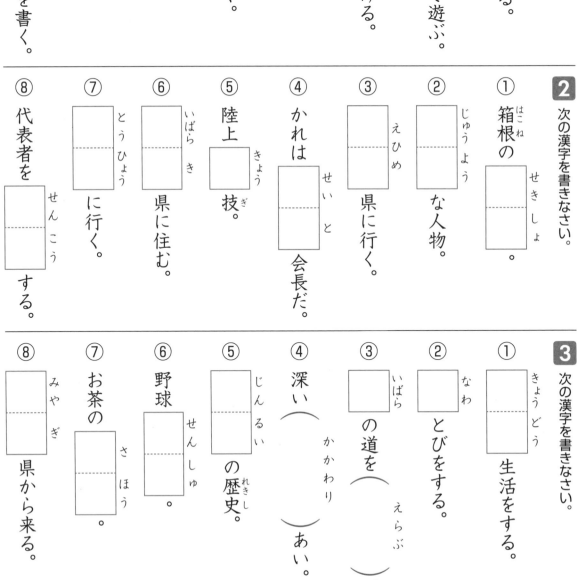

月　日

17日　副・梨・産・阪・不・議

49 副

画数 11

音 フク
訓 ―
部首 刂（りっとう）
意味 ひかえ。主なものにつきそう。

・筆順どおりに書きなさい。

一 冖 亓 戸 戸 吕 畐 畐 畐 副（みじかく） 副（はねる）

副

・――線の漢字の読み方を書きなさい。

① 副食。（　　）
② 副題。（　　）
③ 副委員長。（　　）
④ 副都心。（　　）

50 梨

画数 11

音 ―
訓 なし
部首 木（き）
意味 ナシ。

・筆順どおりに書きなさい。

一 二 千 禾 禾（とめる） 和 利（はねる） 利 梨 梨 梨

梨

・――線の漢字の読み方を書きなさい。

① 山梨県。（　　）
② 洋梨。（　　）
③ 梨の実。（　　）
④ 山梨観光《かんこう》。（　　）

51 産

画数 11

音 サン
訓 うむ・うまれる・（うぶ）
部首 生（うまれる）
意味 うまれる。物を作り出す。ざいさん。

・筆順どおりに書きなさい。

丶（たてに） 亠 亠 亣 立 产（くっつける） 产 产 産 産 産（ながく）

産

・――線の漢字の読み方を書きなさい。

① 産業。（　　）
② 国産の米。（　　）
③ 産地。（　　）
④ 卵《たまご》を産む。（　　）

52 阪

画数 7

音 （ハン）
訓 ―
部首 阝（こざとへん）
意味 さか。

・筆順どおりに書きなさい。

⁷ 了 阝 阝 阝（はらう） 阪 阪

阪

・――線の漢字の読み方を書きなさい。

① 大阪府《ふ》。（　　）
② 大阪市。（　　）
③ 大阪府民。（　　）
④ 大阪名物。（　　）

53 不

画数 4

音 フ・ブ
訓 ―
部首 一（いち）
意味 （下につづく言葉を打ち消す）…でない。…しない。

・筆順どおりに書きなさい。

一 ア（とめる） 不 不（とめる）

不

・――線の漢字の読み方を書きなさい。

① 不安。（　　）
② 人手不足。（　　）
③ 不意の客。（　　）
④ 不平等。（　　）

54 議

画数 20

音 ギ
訓 ―
部首 言（ごんべん）
意味 そうだん。話し合う。

・筆順どおりに書きなさい。

亠（てん） 言 言 言 言 言 言（うえにはねる） 訁 訁 訁 訁 訁 訁 詳 詳 詳（はねる） 議（みぎうえに） 議 議 議（わすれずに）

議

・――線の漢字の読み方を書きなさい。

① 会議。（　　）
② 不思議。（　　）
③ 議長。（　　）
④ 国会議事堂《どう》。（　　）

書いてみよう

月　日

時間 20分【はやい15分・おそい25分】
合格 20問
正答　／24問

49

① □《ふく》委員長。

② おかずは□□《ふくしょく》だ。

③ 農家の□□《ふくぎょう》。

④ 薬の□□□《ふくさよう》。

50

① □□《やまなし》県に行く。

② □《なし》の実を食べる。

③ あまい□□《ようなし》を買う。

④ □□《やまなし》市に住む。

51

① なしの□□《さんち》。

② 財《ざい》□《さん》をなくす。

③ 卵《たまご》を（　　）《うむ》。

④ □□《さんぎょう》道路。

52

① □□《おおさか》府《ふ》から来る。

② □□《おおさか》市に住む。

③ □□《おおさか》駅に行く。

④ □□《おおさか》大学で学ぶ。

53

① □□《ふあん》になる。

② □□《ふい》に飛《と》び出す。

③ □□《ふへい》を言う。

④ □□□《ぶようじん》な家。

54

① □□《かいぎ》を開く。

② □□□《ふしぎ》な話。

③ 国会□□《ぎじ》堂《どう》。

④ □□《ぎちょう》を選ぶ。

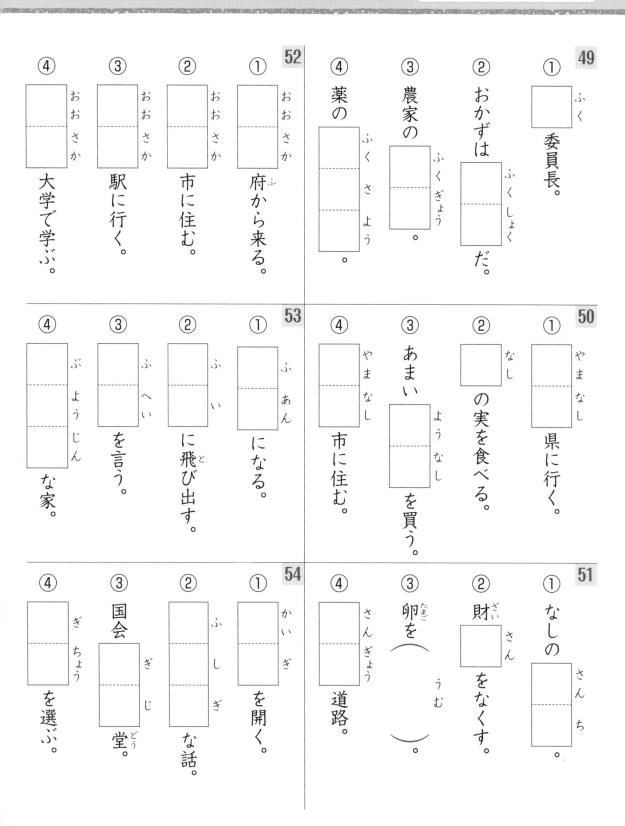

18日　府・特・便・滋・佐・賀

55 府

画数 8

音 フ　訓 ―

部首 广（まだれ）

意味 役所。政治《せいじ》をするためにくぎられた一つの地方。

・筆順どおりに書きなさい。

府

―線の漢字の読み方を書きなさい。

① 大阪府。（　　）
② 都道府県。（　　）
③ 政《せい》府。（　　）
④ 幕《ばく》府。（　　）

56 特

画数 10

音 トク　訓 ―

部首 牛（うしへん）

意味 他から一つだけとびぬけている。すぐれている。

・筆順どおりに書きなさい。

特

―線の漢字の読み方を書きなさい。

① 特急。（　　）
② 特別。（　　）
③ 特長。（　　）
④ 特訓《くん》。（　　）

57 便

画数 9

音 ベン・ビン　訓 たより

部首 イ（にんべん）

意味 つごう。手紙。大便。小便。

・筆順どおりに書きなさい。

便

―線の漢字の読み方を書きなさい。

① 便利。（　　）
② うそも方便（　　）
③ 郵《ゆう》便物。（　　）
④ 便りがある。（　　）

58 滋

画数 12

音 （ジ）　訓 ―

部首 氵（さんずい）

意味 草木がしげる。うるおう。

・筆順どおりに書きなさい。

滋

―線の漢字の読み方を書きなさい。

① 滋賀県。（　　）
② 滋賀大学。（　　）
③ 滋賀出身。（　　）
④ 滋賀県民。（　　）

59 佐

画数 7

音 サ　訓 ―

部首 イ（にんべん）

意味 手助けをする。

・筆順どおりに書きなさい。

佐

―線の漢字の読み方を書きなさい。

① 佐賀県。（　　）
② 補《ほ》佐する。（　　）
③ 土佐犬。（　　）
④ 佐賀城。（　　）

60 賀

画数 12

音 ガ　訓 ―

部首 貝（かい・こがい）

意味 祝《いわ》う。よろこぶ。

・筆順どおりに書きなさい。

賀

―線の漢字の読み方を書きなさい。

① 年賀状。（　　）
② 賀正。（　　）
③ 祝《しゅく》賀会。（　　）

書いてみよう

時間 20分 【はやい15分・おそい25分】
合格 20問
正答 /24問

55

① 京都□《ふ》。

② 大阪□□《ふりつ》病院。

③ 日本の□□《しゅふ》は東京。

④ イギリスの政《せい》□《ふ》。

56

① □《とく》に気をつける。

② □□《とくべつ》な日。

③ □□《とっきゅう》列車で行く。

④ □□《とくしょく》のある学校。

57

① □□《べんり》な道具。

② □□《ふべん》な山の中。

③ 郵《ゆう》□《びん》ポスト。

④ 風の（　　）《たより》。

58

① □□《しが》県に行く。

② □□《しが》大学で学ぶ。

③ □□《しが》産の魚。

④ □□《しが》の湖。

59

① □□《さが》県に行く。

② 補《ほ》□《さ》する。

③ □□《さが》大学で学ぶ。

④ □□《たいさ》になる。

60

① □□□《ねんがじょう》を書く。

② 謹《きん》□《が》新年。

③ 宮中参《さん》□《が》の列。

④ 祝《しゅく》□□《がかい》。

月　日

19日 然・岐・信・努・阜・種

61 然

音 ゼン・ネン

訓 ―

部首 灬（れんが・れっか）

意味 そのとおり（ほかの言葉の下について様子を表す）。

画数 12

・筆順どおりに書きなさい。

（わすれずに／むきにちゅうい）

然

―線の漢字の読み方を書きなさい。

① 自然。（　　）

② 当然だ。（　　）

③ 天然。（　　）

④ 突《とつ》然の雨。（　　）

62 岐

音 （キ）

訓 ―

部首 山（やまへん）

意味 二つに分かれる。

画数 7

・筆順どおりに書きなさい。

（はらう）

岐

―線の漢字の読み方を書きなさい。

① 岐阜県。（　　）

② 岐阜大学。（　　）

③ 岐阜城。（　　）

④ 岐阜出身。（　　）

63 信

音 シン

訓 ―

部首 亻（にんべん）

意味 まこと。神やほとけをおがむ。うたがわない。

画数 9

・筆順どおりに書きなさい。

（とめる／てん）

信

―線の漢字の読み方を書きなさい。

① 通信。（　　）

② 信用する。（　　）

③ 青信号。（　　）

④ 自信がある。（　　）

64 努

音 ド

訓 つとめる

部首 力（ちから）

意味 いっしょうけんめいがんばる。

画数 7

・筆順どおりに書きなさい。

（みぎうえに／はねる／つきだす）

努

―線の漢字の読み方を書きなさい。

① 努力。（　　）

② 勉強に努める。（　　）

③ 努めて明るくふるまう。（　　）

65 阜

音 フ

訓 ―

部首 阜（おか）

意味 小高い土地。大きい。

画数 8

・筆順どおりに書きなさい。

（とめる）

阜

―線の漢字の読み方を書きなさい。

① 岐阜県。（　　）

② 岐阜市。（　　）

③ 岐阜旅行。（　　）

④ 岐阜土産《みやげ》。（　　）

66 種

音 シュ

訓 たね

部首 禾（のぎへん）

意味 たね。ものごとのもと。なかま。

画数 14

・筆順どおりに書きなさい。

（とめる／ながく）

種

―線の漢字の読み方を書きなさい。

① 種をまく。（　　）

② 花の種。（　　）

③ 十種競技《きょうぎ》。（　　）

④ ちがう種類。（　　）

月　日

時間 20分【はやい15分・おそい25分】
合格 20問
正答 /24問

書いてみよう

61

① 大切な□《しぜん》。

② □《とうぜん》の結果《けっか》だ。

③ □《てんねん》の美。

④ □《へいぜん》とする。

62

① □《ぎふ》県に行く。

② □《ぎふ》市に住む。

③ □《ぎふ》大学で学ぶ。

④ □《ぎふ》の名所。

63

① □《しんごう》を守る。

② □《しんよう》をうしなう。

③ □《つうしん》がとだえる。

④ □《じしん》を持つ。

64

① 勉強に（　　）《つとめる》。

② 読書に（　　）《つとめる》。

③ □《どりょく》が実る。

④ （　　）《つとめて》協力する。

65

① □《ぎふ》県に住む。

② □《ぎふ》市から来る。

③ □《ぎふ》の特産品。

④ □《ぎふ》で生まれる。

66

① 同じ□《しゅるい》だ。

② 農園に□《たね》をまく。

③ □《しんしゅ》の発見。

④ ひまわりの□《たね》。

20日 復習テスト(4) 読み

月　日

時間 20分 【はやい15分・おそい25分】
合格 80点 (一つ4点)
得点　点

1 ――線の漢字の読み方を書きなさい。

① 梨の実を食べる。( )
② 大阪に行く。( )
③ 便利になる。( )
④ 自然に治《なお》ると信じる。( )( )
⑤ おかずは副食物です。( )
⑥ 滋賀県に住む。( )
⑦ 天然の美。( )
⑧ 友人を補《ほ》佐する。( )

2 ――線の漢字の読み方を書きなさい。

① 岐阜県に行く。( )
② 卵《たまご》を産む。( )
③ 草花の種をまく。( )
④ 同じ種類の花。( )
⑤ 水洗《すいせん》便所。( )
⑥ 大阪城を見る。( )
⑦ 不思議なことだ。( )
⑧ 佐賀県に住む。( )

3 ――線の漢字の読み方を書きなさい。

① 自信を持とう。( )
② 勉学に努める。( )
③ 日本の首府は東京だ。( )
④ 山梨県から来る。( )
⑤ 特色のある声。( )
⑥ 岐阜の出身だ。( )
⑦ 火種をかかえる。( )
⑧ もっと努力しよう。( )

復習テスト(4)　書き

月　日

時間 20分【はやい15分・おそい25分】
合格 80点（一つ4点）
得点　　点

1 次の漢字を書きなさい。

① □《ふく》委員長。
② 京都□《ふ》。
③ □□《ぎふ》県。
④ 勉強に（　　）《つとめる》。
⑤ □□《おおさか》城に行く。
⑥ □□《ようなし》を買う。
⑦ □□《しが》県の花。
⑧ □《たね》の□□《しゅるい》。

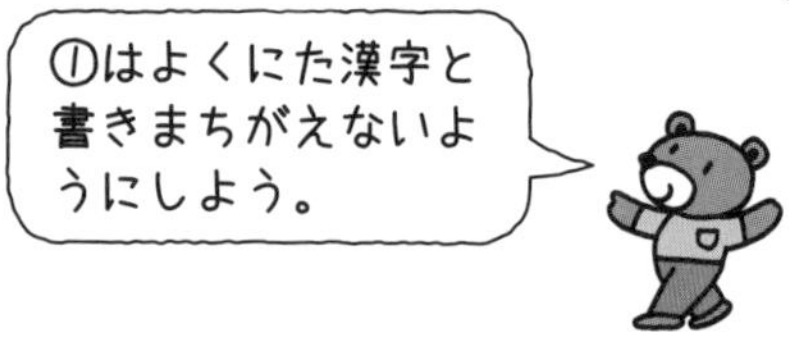
①はよくにた漢字と書きまちがえないようにしよう。

2 次の漢字を書きなさい。

① □□《やまなし》県に行く。
② □□《さが》県に行く。
③ □□□《ふしぎ》な話。
④ □□《おおさか》市に住む。
⑤ □□《しんよう》をなくす。
⑥ □□《ぎふ》県の出身。
⑦ □□《しんごう》を守る。
⑧ □□《とくべつ》席にすわる。

3 次の漢字を書きなさい。

① 補《ほ》□《さ》する人。
② □□《しが》県の湖。
③ 郵《ゆう》□《びん》貯金《ちょきん》。
④ 卵《たまご》を（　　）《うむ》。
⑤ 日本の□□《しぜん》。
⑥ □□《さが》県の魚。
⑦ 交通が□□《ふべん》だ。
⑧ □《なし》の実を買う。

21日 まとめテスト(2) 読み

月　日

時間 20分 【はやい15分・おそい25分】
合格 80点 （一つ4点）
得点　　点

1 ――線の漢字の読み方を書きなさい。

① 議会で話し合う。（　）（　）
② 自然の草花。（　）（　）
③ 人を補《ほ》佐する。（　）（　）
④ 友情《ゆうじょう》を信じる。（　）（　）
⑤ 競泳で一番になる。（　）（　）
⑥ 生徒の人数。（　）（　）
⑦ 大阪出身の選手。（　）（　）
⑧ 花の種を庭にまく。（　）

2 ――線の漢字の読み方を書きなさい。

① 宮城県に行く。（　）
② けんめいに努力する。（　）
③ 説明を省く。（　）
④ 沖合に出る。（　）
⑤ 類いまれな美しさ。（　）
⑥ 愛媛県の人。（　）
⑦ 縄でむすぶ。（　）
⑧ 命に関わるけが。（　）

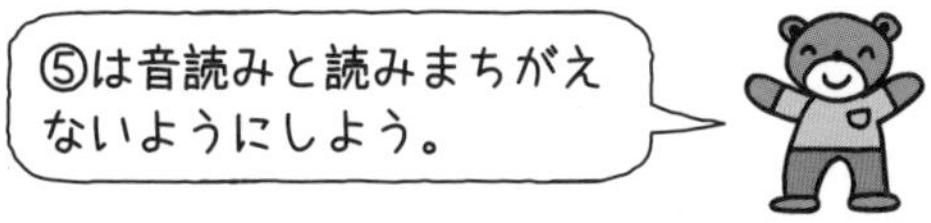
⑤は音読みと読みまちがえないようにしよう。

3 ――線の漢字の読み方を書きなさい。

① 人を信用する。（　）
② 城をきずく。（　）
③ 投票所に行く。（　）
④ 山田氏と面会する。（　）
⑤ 副作用のない薬。（　）
⑥ 茨城県に行く。（　）
⑦ 特別な料理。（　）
⑧ 航空《こうくう》便で送る。（　）

まとめテスト(2) 書き

月　日

時間 20分 【はやい15分・おそい25分】
合格 80点 （一つ4点）
得点　　点

1 次の漢字を書きなさい。

① □□《べんり》な道具。
② □《じょう》主に会う。
③ □□《さが》県に行く。
④ □《なし》の実を食べる。
⑤ 同じ□□《しゅるい》の魚。
⑥ □□《てんねん》の美しさ。
⑦ □□□《おおさかじょう》に行く。
⑧ □□《ぎふ》県。

2 次の漢字を書きなさい。

① 一点の□《さ》で勝つ。
② 学力が□□《ふそく》する。
③ 受験《じゅけん》勉強に（　　）《つとめる》。
④ □□《じしん》を持つ。
⑤ □□《しが》県。
⑥ □□《じゅうよう》な□《せん》挙《きょ》。
⑦ □□《ほうほう》を考える。
⑧ □□《おきなわ》に行く。

3 次の漢字を書きなさい。

① □□《きょうつう》の話題。
② 補《ほ》□《さ》する。
③ □□《やまなし》県の出身。
④ 人を□《あい》する。
⑤ 花の□《たね》をまく。
⑥ 米の□□《せいさん》量《りょう》。
⑦ □□《えひめ》県の海。
⑧ 失敗を□□《はんせい》する。

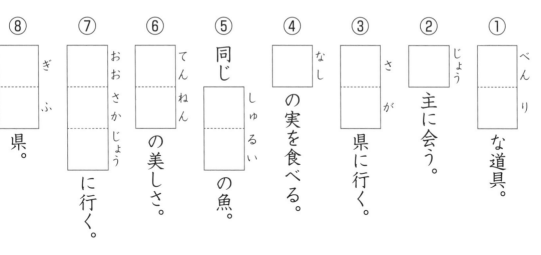

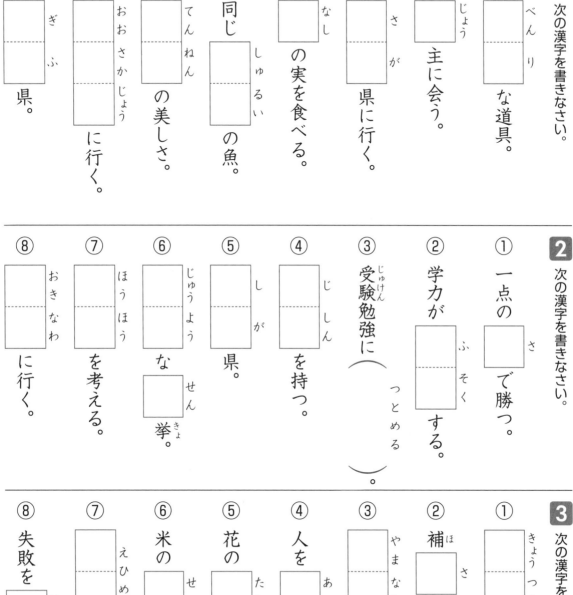

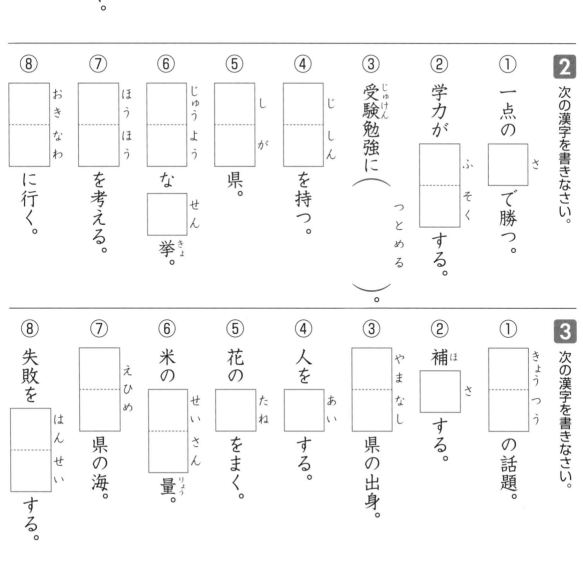

22日　害・静・岡・億・栄・潟

害（67）

画数 10

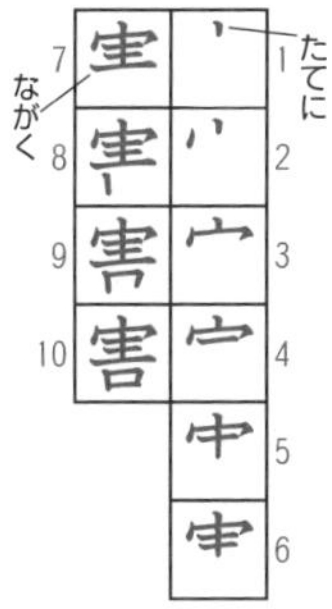

音 ガイ
訓 ―
部首 宀（うかんむり）
意味 いため、きずつける。

●筆順どおりに書きなさい。　害

❾―線の漢字の読み方を書きなさい。

① 有害。（　　）
② 害虫。（　　）
③ 災《さい》害。（　　）
④ 障《しょう》害物競走。（　　）

静（68）

画数 14

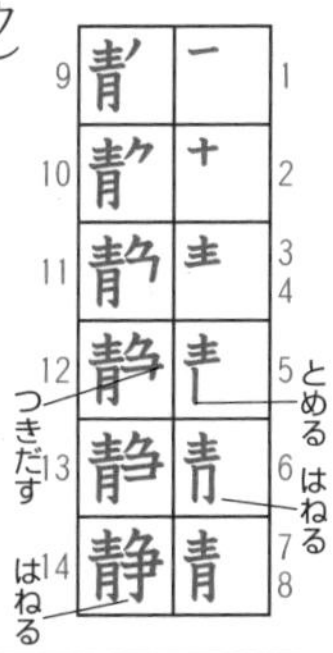

音 セイ・（ジョウ）
訓 しず・しずか・しずまる・しずめる
部首 青（あお）
意味 動かない。しずか。

●筆順どおりに書きなさい。　静

❾―線の漢字の読み方を書きなさい。

① 静かな夜。（　　）
② 安静。（　　）
③ 冷《れい》静。（　　）
④ 静まる。（　　）

岡（69）

画数 8

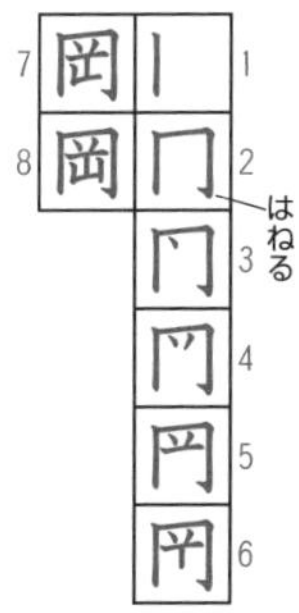

音 ―
訓 おか
部首 山（やま）
意味 少し高くなっている土地。

●筆順どおりに書きなさい。　岡

❾―線の漢字の読み方を書きなさい。

① 岡山県。（　　）
② 福岡県。（　　）
③ 静岡県。（　　）
④ 岡目八目（　　）

億（70）

画数 15

音 オク
訓 ―
部首 亻（にんべん）
意味 数のたんい。数がたいへん多いこと。

●筆順どおりに書きなさい。　億

❾―線の漢字の読み方を書きなさい。

① 一億年前。（　　）
② 億万長者。（　　）
③ 何千億の星がかがやく。（　　）

栄（71）

画数 9

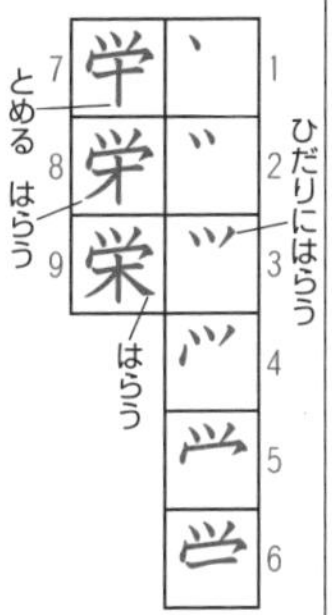

音 エイ
訓 さかえる・（はえる）・（はれ）。
部首 木（き）
意味 さかえる。ほまれ。

●筆順どおりに書きなさい。　栄

❾―線の漢字の読み方を書きなさい。

① 栄養《よう》。（　　）
② 国が栄える。（　　）
③ 栄光。（　　）
④ 共存《ぞん》共栄（　　）

潟（72）

画数 15

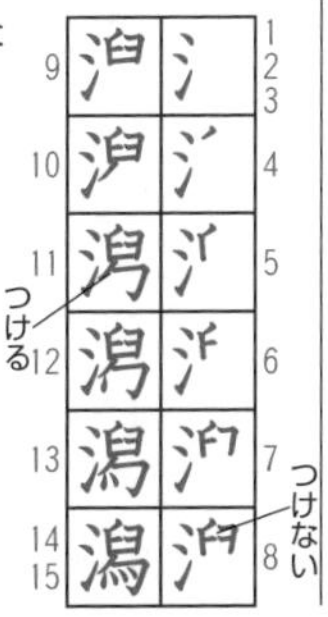

音 ―
訓 かた
部首 氵（さんずい）
意味 潮《しお》のみちひきで海のそこがあらわれたりかくれたりするあさせ。

●筆順どおりに書きなさい。　潟

❾―線の漢字の読み方を書きなさい。

① 新潟県。（　　）
② 干《ひ》潟。（　　）
③ 新潟空港。（　　）
④ 八郎《はちろう》潟。（　　）

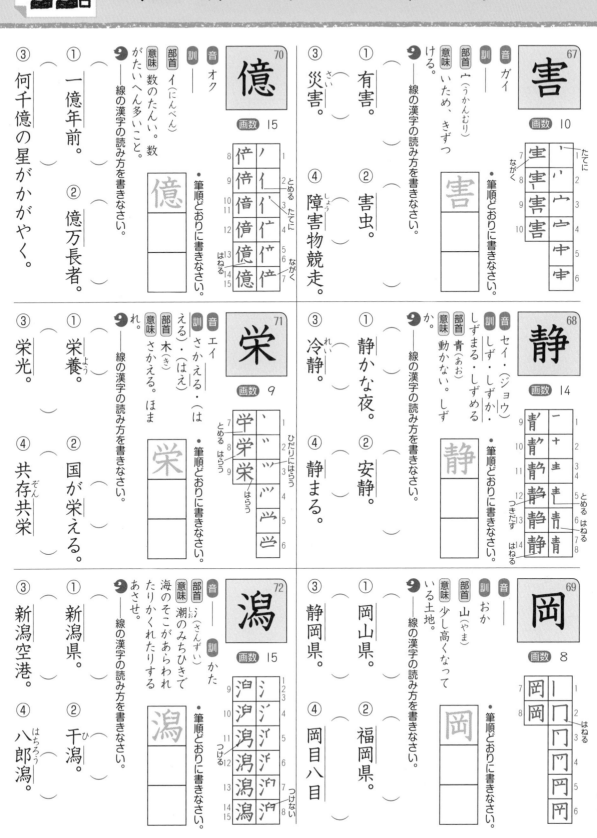

書いてみよう

時間 20分 【はやい15分・おそい25分】
合格 20問
正答 ／24問

67

① □□《ゆうがい》な水。

② たばこには□《がい》がある。

③ いなごは□□《がいちゅう》だ。

④ □□《こうがい》の原因《げんいん》。

68

① ここは（　）《しずか》だ。

② □□《あんせい》にねている。

③ 冷《れい》□《せい》に考える。

④ 心を（　）《しずめる》。

69

① □□《おかやま》県に行く。

② □□《ふくおか》県に住む。

③ □□《しずおか》の名所。

④ □□□□《おかめはちもく》

70

① 一□《おく》年前。

② □□《おくまん》長者。

③ 何千□《おく》の星。

④ 人口は約一□《おく》人。

71

① □《えい》養食《ようしょく》。

② □□《えいこう》のカップ。

③ □□《こうえい》に思います。

④ 国が（　）《さかえる》。

72

① □□《にいがた》県に行く。

② 干《ひ》□《がた》を見る。

③ □□《にいがた》市に住む。

④ □□《にいがた》産の米。

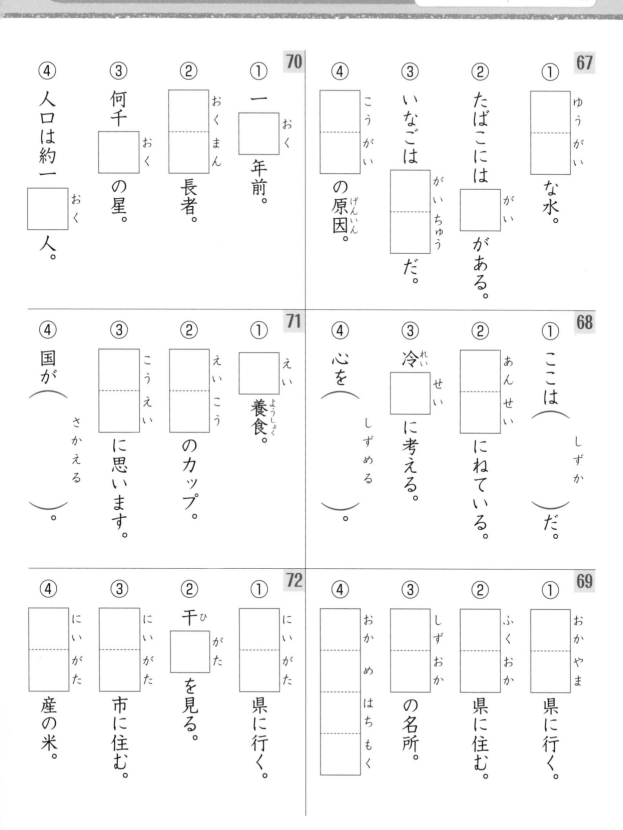

23日 候・養・孫・鹿・児・兆

73 候

画数 10

音 コウ

訓 (そうろう)

部首 亻(にんべん)

意味 ようすをさぐる。きせつのしるし。きざし。

・筆順どおりに書きなさい。

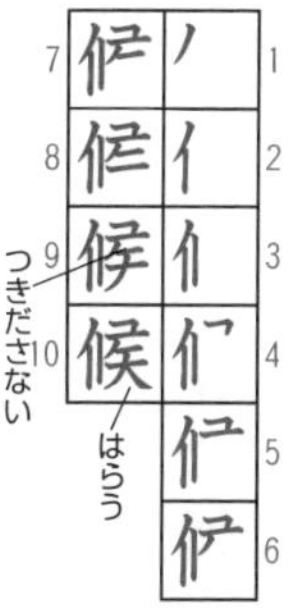

候

―線の漢字の読み方を書きなさい。

① 気候。（　　）
② 測候所《そっ　じょ》。（　　）
③ 天候。（　　）
④ 時候のあいさつ。（　　）

74 養

画数 15

音 ヨウ

訓 やしなう

部首 食(しょく)

意味 やしない育てること。

・筆順どおりに書きなさい。

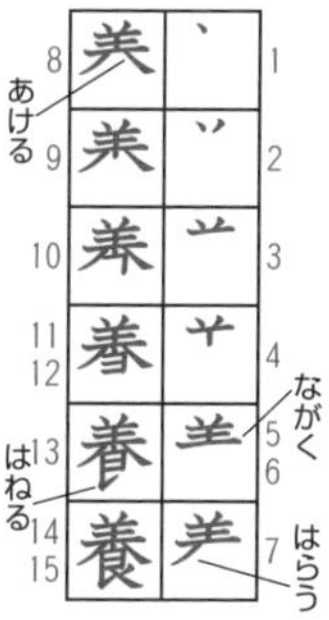

養

―線の漢字の読み方を書きなさい。

① 栄養。（　　）
② 養分。（　　）
③ 両親を養う。（　　）
④ 休養。（　　）

75 孫

画数 10

音 ソン

訓 まご

部首 子(こへん)

意味 血すじのつながり。まご。

・筆順どおりに書きなさい。

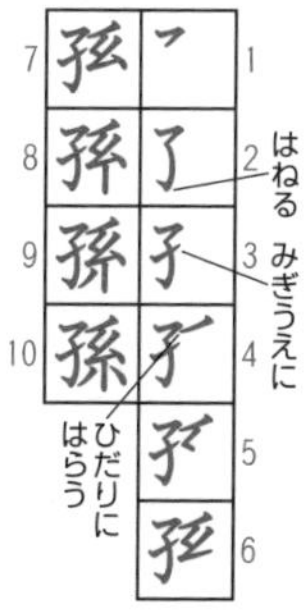

孫

―線の漢字の読み方を書きなさい。

① 子孫。（　　）
② 孫の手。（　　）
③ 初孫《はつ》。（　　）
④ ひ孫。（　　）

76 鹿

画数 11

音 ―

訓 しか・か

部首 鹿(しか)

意味 シカ。山などにすむけもの。

・筆順どおりに書きなさい。

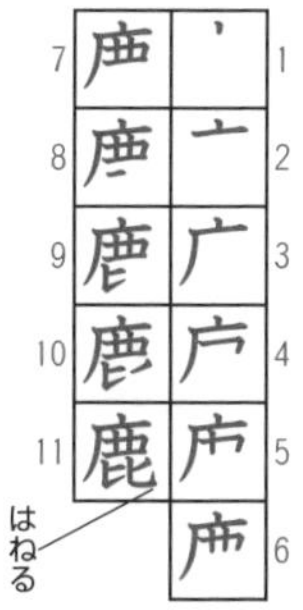

鹿

―線の漢字の読み方を書きなさい。

① 鹿児島県。（　　）
② 鹿の子模様《もよう》。（　　）
③ 鹿の角。（　　）
④ 鹿せんべい。（　　）

77 児

画数 7

音 ジ・(ニ)

訓 ―

部首 儿(ひとあし・にんにょう)

意味 子ども。

・筆順どおりに書きなさい。

児

―線の漢字の読み方を書きなさい。

① 児童会。（　　）
② 育児。（　　）
③ 愛児。（　　）
④ 乳児《にゅう》。（　　）

78 兆

画数 6

音 チョウ

訓 (きざす)・(きざし)

部首 儿(ひとあし・にんにょう)

意味 数の単位《たんい》。一万倍。億の物事の前ぶれがあらわれる。

・筆順どおりに書きなさい。

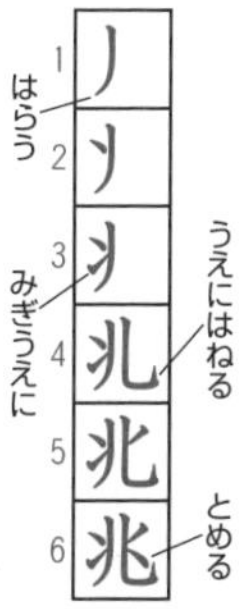

兆

―線の漢字の読み方を書きなさい。

① 前兆。（　　）
② 一兆円。（　　）
③ 億兆の生物。（　　）
④ 兆候。（　　）

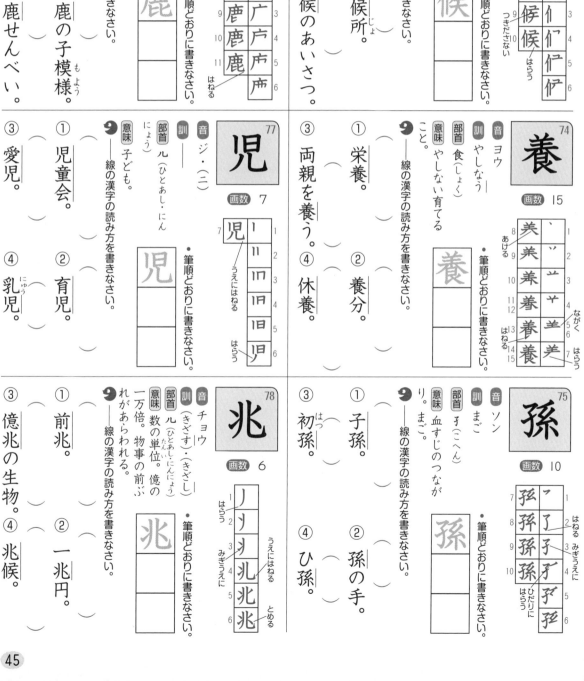

月　日

書いてみよう

時間 20分【はやい15分・おそい25分】
合格 20問
正答 ／24問

73

① □□《りっこう》補《ほ》する。

② 過《す》ごしやすい□□《きこう》。

③ 今年は□□《てんこう》が悪い。

④ 雨のよく降《ふ》る□□《じこう》。

74

① □□《えいよう》をとる。

② 父母を（　　）《やしなう》。

③ 金魚の□□《ようぎょ》場。

④ 土から□□《ようぶん》をとる。

75

① □□《しそん》に伝《つた》える。

② □《まご》の手を引く。

③ ひ□《まご》が生まれる。

④ □《まご》からの便り。

76

① □□□《かごしま》県に行く。

② □《しか》の親子。

③ □《か》の子模様《もよう》。

④ □□□《かごしま》市内観光《かんこう》。

77

① □□《いくじ》に追われる。

② □□□《じどうかい》。

③ □□《えんじ》と遊ぶ。

④ 乳《にゅう》□《じ》を預《あず》かる。

78

① 大雨の□□《ぜんちょう》。

② □□《おくちょう》の地球の生物。

③ □□《じっちょう》円の予算。

④ 病気の□□《ちょうこう》がある。

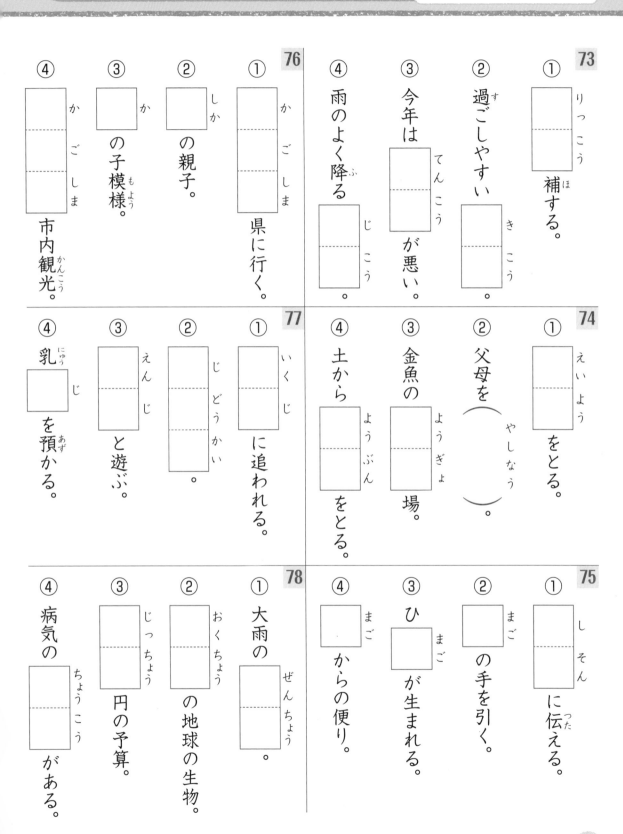

24日 印・泣・熊・倉・塩・栃

79 印

音 イン
訓 しるし
部首 卩（わりふ・ふしづくり）
意味 はんこ。しるし。
画数 6

・筆順どおりに書きなさい。

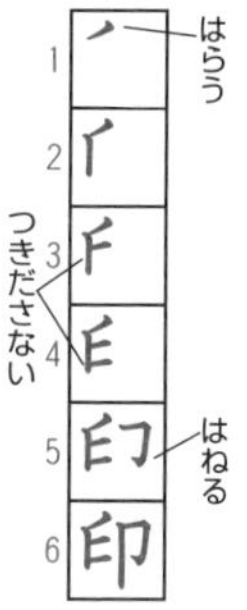

―線の漢字の読み方を書きなさい。

① 印象《しょう》。（　　）
② 調印。（　　）
③ 矢印。（　　）
④ はがきの消印。（　　）

80 泣

音 （キュウ）
訓 なく
部首 氵（さんずい）
意味 なく。
画数 8

・筆順どおりに書きなさい。

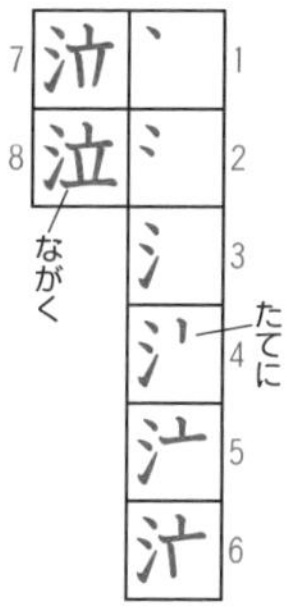

―線の漢字の読み方を書きなさい。

① 夜泣き。（　　）
② 泣きっ面《つら》。（　　）
③ 泣き虫。（　　）
④ めそめそ泣く。（　　）

81 熊

音 ―
訓 くま
部首 灬（れんが・れっか）
意味 クマ。山などにすむけもの。
画数 14

・筆順どおりに書きなさい。

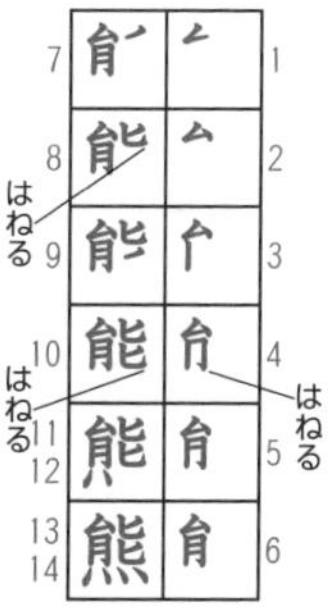

―線の漢字の読み方を書きなさい。

① 熊を見る。（　　）
② 熊本県。（　　）
③ 子熊。（　　）
④ 熊手。（　　）

82 倉

音 ソウ
訓 くら
部首 人（ひとやね）
意味 物をしまう所。
画数 10

・筆順どおりに書きなさい。

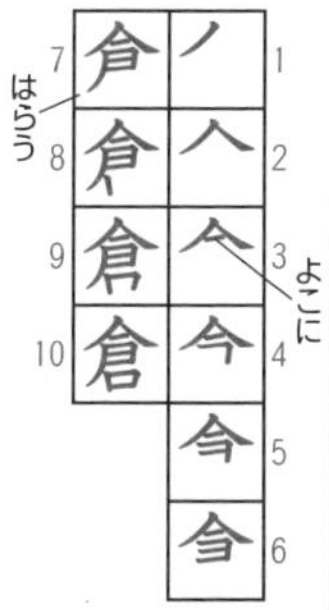

―線の漢字の読み方を書きなさい。

① 倉庫。（　　）
② 米倉。（　　）
③ 倉に収《おさ》める。（　　）
④ 船倉。（　　）

83 塩

音 エン
訓 しお
部首 土（つちへん）
意味 しお。しおけ。
画数 13

・筆順どおりに書きなさい。

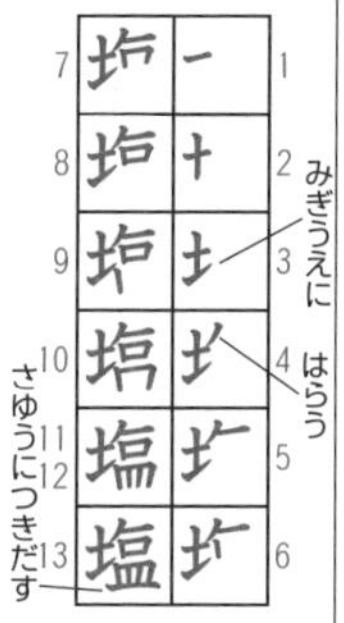

―線の漢字の読み方を書きなさい。

① 塩水。（　　）
② 食塩。（　　）
③ 塩味。（　　）
④ 魚の塩づけ。（　　）

84 栃

音 ―
訓 とち
部首 木（きへん）
意味 トチノキ。山に生える高木。
画数 9

・筆順どおりに書きなさい。

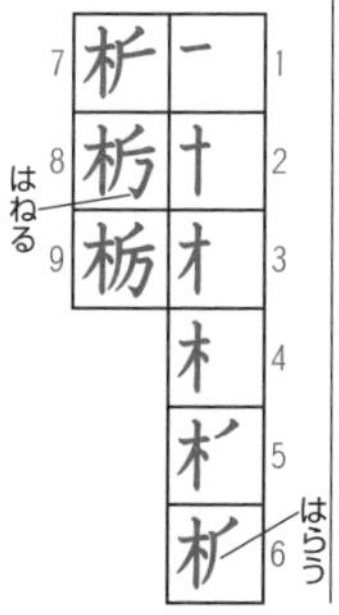

―線の漢字の読み方を書きなさい。

① 栃の実。（　　）
② 栃木県。（　　）
③ 栃木市。（　　）
④ 栃木出身。（　　）

書いてみよう

月　日

時間 20分 【はやい15分・おそい25分】

合格 20問

正答 　/24問

79

① □《いん》象《しょう》が強い。

② 地図に□《しるし》を入れる。

③ □□《じついん》をおす。

④ プリントを□《いん》刷《さつ》する。

80

① 子供《こども》の□《な》き声。

② □《な》き言を言うな。

③ □《な》きっ面《つら》に蜂《はち》

④ □《な》き顔は見せない。

81

① □□《くまもと》県に行く。

② □□《こぐま》を見る。

③ □□《くまもと》大学で学ぶ。

④ □□《くまの》古道を歩く。

82

① 大きな□□《そうこ》。

② □□《こめぐら》が空になる。

③ □《くら》がならぶ。

④ □《くら》に食料《しょくりょう》を入れる。

83

① □《しお》づけの魚。

② □□《しおみず》につける。

③ 海水の□□《えんぶん》。

④ □□《しょくえん》をかける。

84

① □□《とちぎ》県に行く。

② □《とち》の木を切る。

③ □□《とちぎ》市から来る。

④ □《とち》の実を拾う。

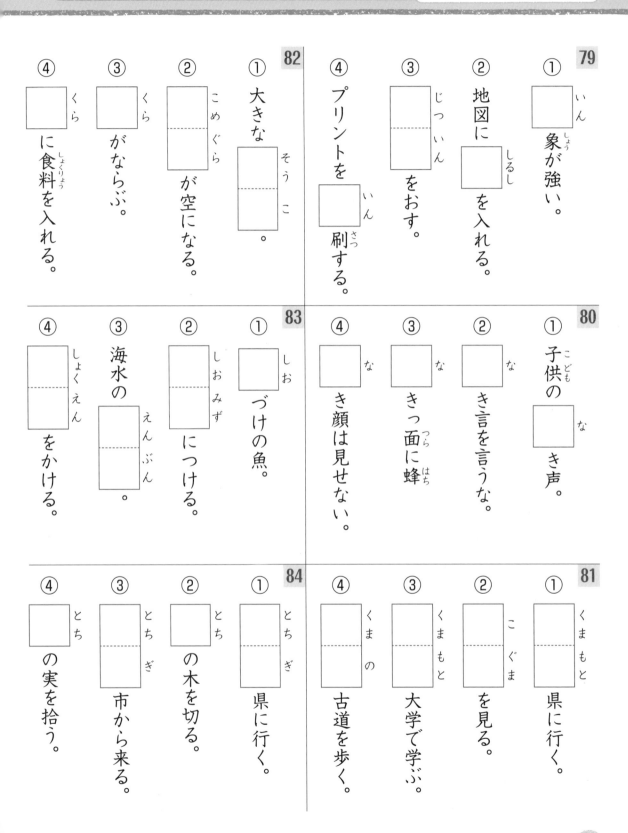

復習テスト(5) 読み

月　日

時間 20分 【はやい15分・おそい25分】

合格 80点 (一つ4点)

得点　点

1 ――線の漢字の読み方を書きなさい。

① 一 兆 円。

② 泣き顔は見せない。

③ 国が栄える。

④ 静かな人。

⑤ 温暖《おんだん》な気 候。

⑥ 岡 山県に行く。

⑦ 子 孫に伝《つた》える。

⑧ 赤い印をつける。

2 ――線の漢字の読み方を書きなさい。

① 印鑑《かん》をもっていく。

② 倉 庫にしまう。

③ 子《こ》供《ども》の泣き声。

④ 静 岡から来る。

⑤ 干《ひ》潟を見る。

⑥ 熊の親子。

⑦ 食 塩をつくる。

⑧ 孫を大切に養う。

3 ――線の漢字の読み方を書きなさい。

① 栄 光のカップ。

② 栃 木県に行く。

③ 自然による災《さい》害。

④ 金魚の養 魚 場。

⑤ 鹿 児 島県。

⑥ 億 万 長 者。

⑦ 新 潟県の出身。

⑧ 鹿せんべいを買う。

復習テスト(5) 書き

月　日

時間 20分 [はやい15分・おそい25分]
合格 80点 (一つ4点)
得点　　点

1 次の漢字を書きなさい。

① □□《にいがた》県に行く。
② □□《てんこう》が変《か》わる。
③ □《しお》をふりかける。
④ □□《くまもと》県に住む。
⑤ □□《えいよう》をつけよう。
⑥ □□《なんおく》年も大昔。
⑦ □《しか》の親子。
⑧ □□《ふくおか》県に行く。

2 次の漢字を書きなさい。

① 町が（　　）《さかえる》。
② 食品の□□《そうこ》。
③ □《しるし》をつけておく。
④ □□《こめぐら》がならぶ。
⑤ （　　）《しずか》な森。
⑥ □□□《かごしま》の人。
⑦ □□《しそん》に残す。
⑧ □□《じどう》会に出る。

3 次の漢字を書きなさい。

① あらしの□□《ぜんちょう》だ。
② 身にあまる□□《こうえい》だ。
③ □《まご》の（　　）《なき》声。
④ □《か》の子模様《もよう》。
⑤ □《いん》鑑《かん》をおす。
⑥ たばこの□《がい》。
⑦ 体力を（　　）《やしなう》。
⑧ □□《えんぶん》が多い食品。

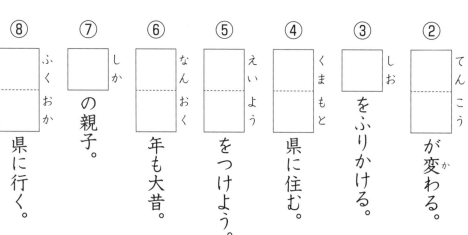

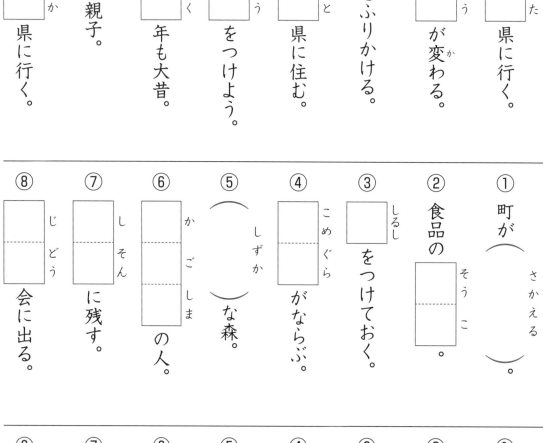

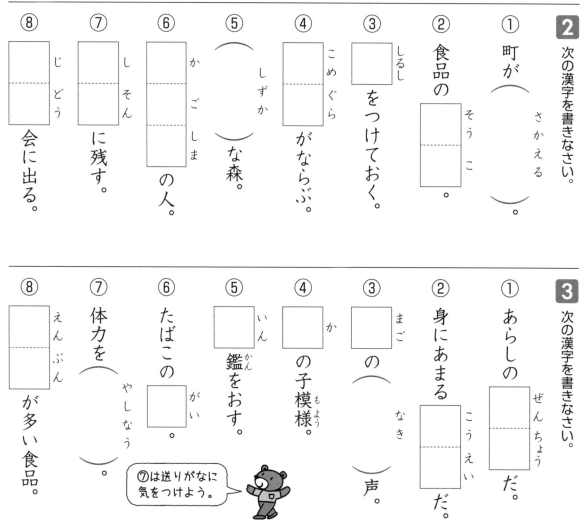

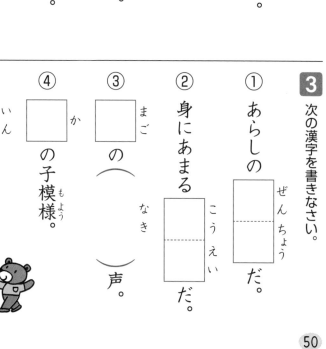

26日　富・伝・衣・材・崎・参

85　富

画数　12

音　フ・（フウ）
訓　とみ・とむ
部首　宀（うかんむり）
意味　お金や品物がたくさんある。豊《ゆた》かである。

●筆順どおりに書きなさい。

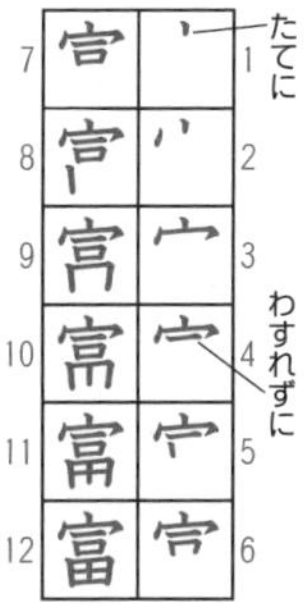

富

──線の漢字の読み方を書きなさい。

① 豊《ほう》富な種類。（　）
② 富を築《きず》く。（　）
③ 才能《さいのう》に富む。（　）
④ 富山県。（　）

86　伝

画数　6

音　デン
訓　つたわる・つたえる・つたう
部首　イ（にんべん）
意味　知らせる。後に残すようにする。

●筆順どおりに書きなさい。

伝

──線の漢字の読み方を書きなさい。

① 伝記。（　）
② 母の手伝い。（　）
③ 伝言。（　）
④ 熱が伝わる。（　）

87　衣

画数　6

音　イ
訓　（ころも）
部首　衣（ころも）
意味　からだにつけて着る物。ぼうさんが着る着物。

●筆順どおりに書きなさい。

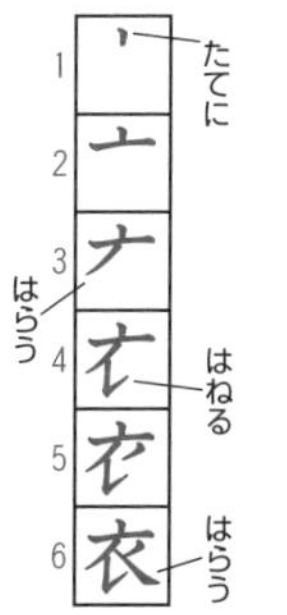

衣

──線の漢字の読み方を書きなさい。

① 衣服。（　）
② 衣装《しょう》。（　）
③ 白衣。（　）
④ 衣料品《りょうひん》。（　）

88　材

画数　7

音　ザイ
訓　―
部首　木（きへん）
意味　ざい木のこと。ざい料《りょう》。才のう。才のうのある人。

●筆順どおりに書きなさい。

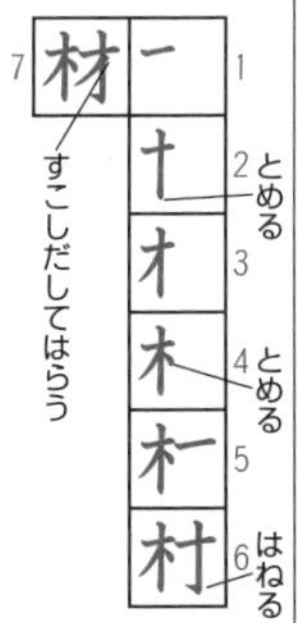

材

──線の漢字の読み方を書きなさい。

① 材料《りょう》。（　）
② 人材。（　）
③ 木材。（　）
④ 材質《しつ》。（　）

89　崎

画数　11

音　―
訓　さき
部首　山（やまへん）
意味　みさき。

●筆順どおりに書きなさい。

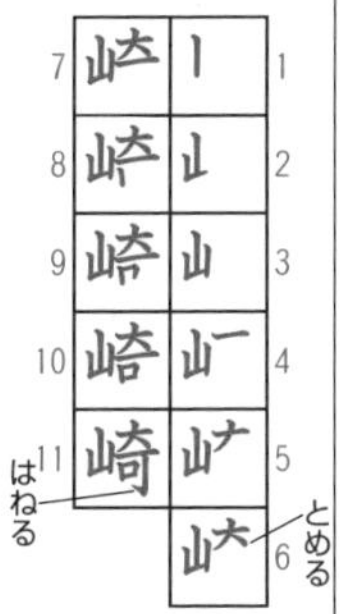

崎

──線の漢字の読み方を書きなさい。

① 長崎県。（　）
② 宮崎県。（　）
③ 高崎市。（　）
④ 岡崎市。（　）

90　参

画数　8

音　サン
訓　まいる
部首　ム（む）
意味　三つ。まいる。くわわる。くらべ合わせる。

●筆順どおりに書きなさい。

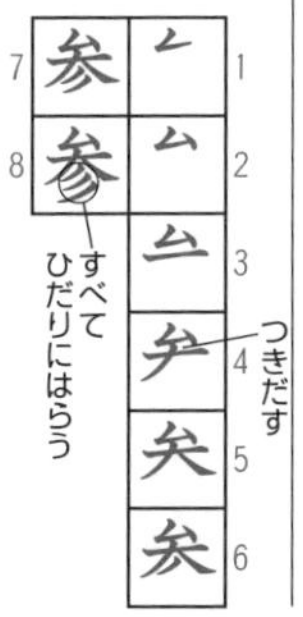

参

──線の漢字の読み方を書きなさい。

① 参加《か》。（　）
② 降《こう》参する。（　）
③ 参議院。（　）
④ 墓《はか》参り。（　）

月　日

書いてみよう

時間 20分【はやい15分・おそい25分】

合格 20問

正答　／24問

85

① □《とみ》にめぐまれる。

② 才能に（　　）《とむ》。

③ 貧《ひん》□《ぷ》の差がはげしい。

④ □□《とやま》県の名産。

86

① □□《でんき》を読む。

② お（　　）《てつだい》をする。

③ □□《でんせつ》を聞く。

④ 昔から（　　）《つたわる》話。

87

① □□《いふく》を着る。

② こう□□《いしつ》で着る。

③ お医者さんの□□《はくい》。

④ □《い》料《りょう》を買いそろえる。

88

① 料理《りょうり》の□《ざい》料《りょう》。

② □□《もくざい》で作る。

③ 授業《じゅぎょう》に使う□□《きょうざい》。

④ 作文の□□《だいざい》。

89

① □□《ながさき》県に行く。

② □□《ながさき》大学で学ぶ。

③ □□《みやざき》県に住む。

④ □□《みやざき》大学で学ぶ。

90

① お寺（　　）《まいり》。

② □□《さんこう》書で調べる。

③ 子供会《こどもかい》への□《さん》加《か》。

④ 授業《じゅぎょう》□《さん》観《かん》に行く。

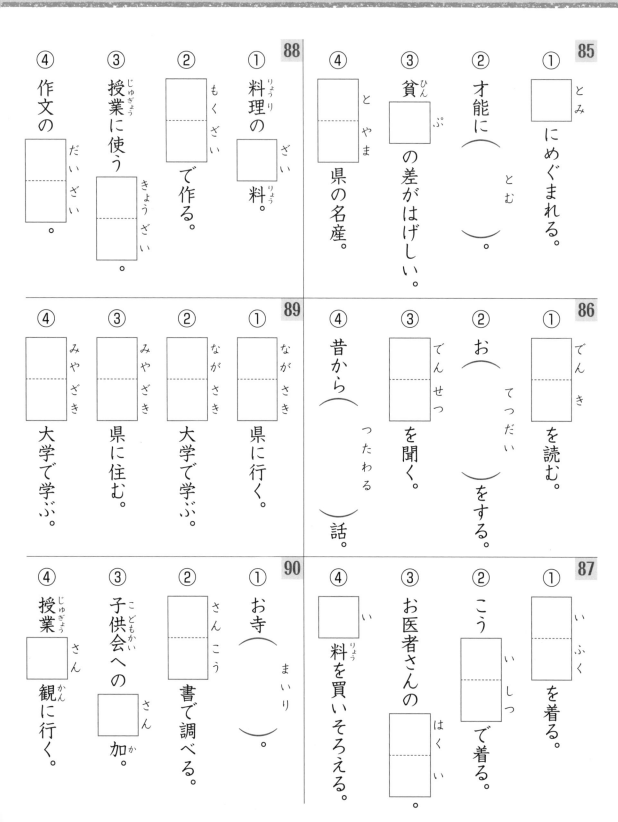

27日 望・徳・験・昨・試・香

月　日

91 望

画数 11

音 ボウ・（モウ）
訓 のぞむ
部首 月（つき）
意味 遠くを見る。ねがう。

●筆順どおりに書きなさい。

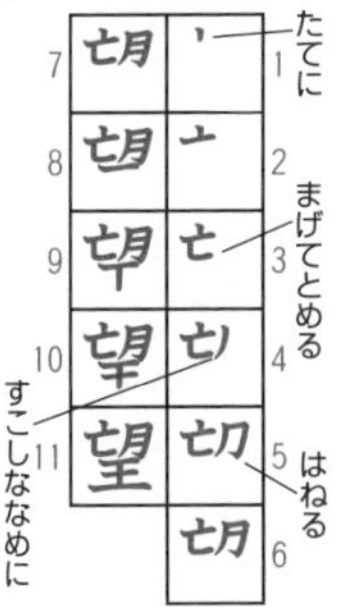

——線の漢字の読み方を書きなさい。

① 有望。（　　）
② 平和を望む。（　　）
③ 人望。（　　）
④ 望遠鏡《きょう》。（　　）

92 徳

画数 14

音 トク
訓 —
部首 彳（ぎょうにんべん）
意味 人としての正しい行い。利益《りえき》。

●筆順どおりに書きなさい。

——線の漢字の読み方を書きなさい。

① 徳の高い人。（　　）
② 徳用品。（　　）
③ 道徳の時間。（　　）
④ 徳島県。（　　）

93 験

画数 18

音 ケン・（ゲン）
訓 —
部首 馬（うまへん）
意味 ためすこと。調べる。しるし。ききめ。

●筆順どおりに書きなさい。

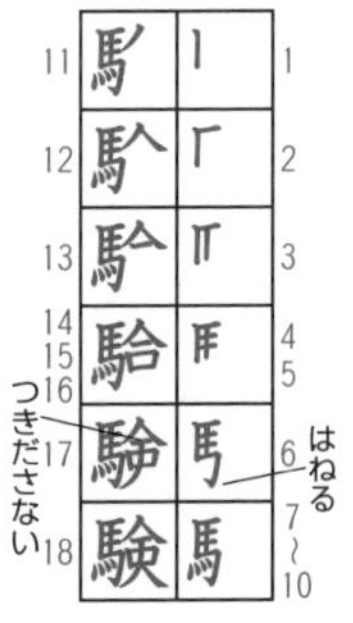

——線の漢字の読み方を書きなさい。

① 実験。（　　）
② 体験。（　　）
③ 試《し》験。（　　）
④ 受験。（　　）

94 昨

画数 9

音 サク
訓 —
部首 日（ひへん）
意味 きのう。過《す》ぎ去った。

●筆順どおりに書きなさい。

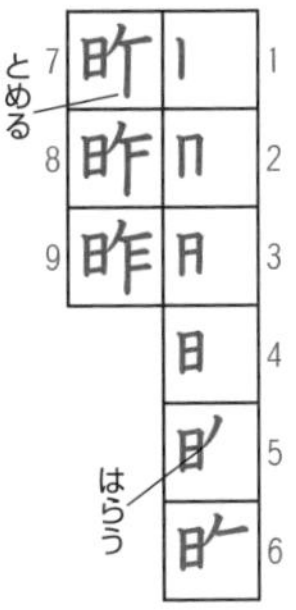

——線の漢字の読み方を書きなさい。

① 昨年。（　　）
② 昨日。（　　）
③ 昨夜。（　　）
④ 一昨年。（　　）

95 試

画数 13

音 シ
訓 こころみる・（ためす）
部首 言（ごんべん）
意味 よい悪いをためす。

●筆順どおりに書きなさい。

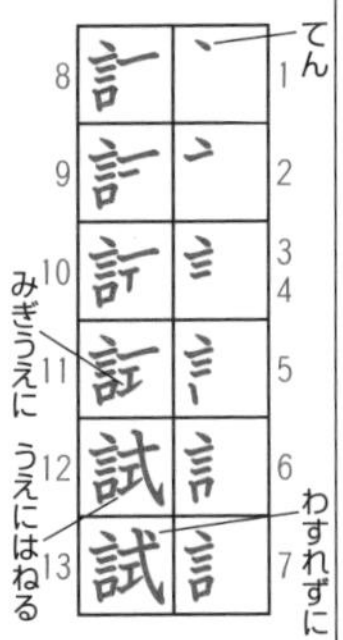

——線の漢字の読み方を書きなさい。

① 試合。（　　）
② 試運転。（　　）
③ 試食。（　　）
④ 登山を試みる。（　　）

96 香

画数 9

音 （コウ）・（キョウ）
訓 か・かおり・かおる
部首 香（か・かおり）
意味 におい。

●筆順どおりに書きなさい。

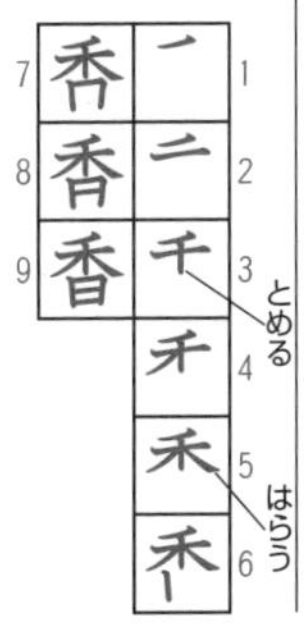

——線の漢字の読み方を書きなさい。

① 花が香る。（　　）
② よい香り。（　　）
③ 香川県。（　　）
④ 香川出身。（　　）

書いてみよう

時間 20分
【はやい15分・おそい25分】
合格 20問
正答　／24問

91

① 希《き》□《ぼう》を持つ。

② （　　）《のぞみ》どおりの品。

③ □《じんぼう》が厚《あつ》い人。

④ 失《しっ》□《ぼう》しないことだ。

92

① □《とく》の高い人。

② □《どうとく》の時間。

③ 日本人の□《びとく》。

④ □《とくしま》県に住む。

93

① 理科の□《じっけん》。

② □《じゅけん》対策《たいさく》。

③ こわい□《たいけん》をする。

④ 経《けい》□《けん》を重ねる。

94

① □《さくねん》は大雪だった。

② □《さくじつ》はありがとう。

③ □《さく》晩《ばん》は早くねた。

④ □《さくや》は停電《ていでん》した。

95

① 学期末《まつ》の□《しけん》。

② 登山を（　　）《こころみる》。

③ □《しれん》に打ち勝つ。

④ 野球の□《しあい》をする。

96

① □《かがわ》県に行く。

② 花が（　　）《かおる》。

③ よい（　　）《かおり》がする。

④ 新緑が（　　）《かおる》。

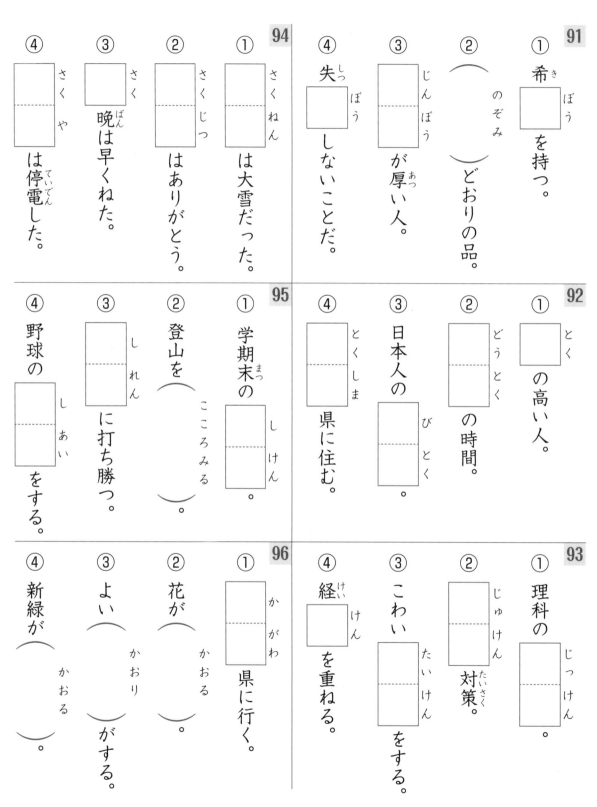

28日　旗・奈・良・群・夫・埼

97 旗

画数 14

音 キ　訓 はた

部首 方（ほうへん・かたへん）

意味 きれや紙で作り、しるしや合図に使うもの。

・筆順どおりに書きなさい。

1 丶（たてに）	2 亠	3 方（はねる）	4 方	5 方	6 方	7 扩
8 扩	9 斻	10 11 旃	12 旗	13（ながく） 旗	14 旗	

旗

●――線の漢字の読み方を書きなさい。

① 外国の旗。（　　）
② 旗手。（　　）
③ 国旗。（　　）
④ 手旗信号。（　　）

98 奈

画数 8

音 ナ　訓 ―

部首 大（だい）

意味 赤い実ができるナシ。どうして。

・筆順どおりに書きなさい。

1 一	2 ナ	3 大（はらう）	4 太	5 夳	6 夲（はねる）	7 夻	8 奈

奈

●――線の漢字の読み方を書きなさい。

① 奈良県。（　　）
② 神奈川県。（　　）
③ 奈落。（　　）
④ 奈良の鹿。（　　）

99 良

画数 7

音 リョウ　訓 よい

部首 艮（ねづくり・こんづくり）

意味 よい。すぐれている。

・筆順どおりに書きなさい。

1 丶（たてに）	2 ㇐	3 ㇐	4 ㇐	5 良（はねる）	6 良	7 良（はらう）

良

●――線の漢字の読み方を書きなさい。

① 良好《こう》。（　　）
② 頭が良い。（　　）
③ 不良。（　　）
④ 良薬。（　　）

100 群

画数 13

音 グン　訓 むら・むれる・むれ

部首 羊（ひつじ）

意味 多くのものが一か所に集まる。集まったもの。

・筆順どおりに書きなさい。

1 フ	2 ヨ（みぎにつきだす）	3 ヨ	4 尹	5 君	6 君	7 君
8 君	9 君'	10 君''	11 12 群	13 群（つきださない）		

群

●――線の漢字の読み方を書きなさい。

① 魚の大群。（　　）
② 白鳥の群れ。（　　）
③ 群馬県。（　　）
④ 人が群がる。（　　）

101 夫

画数 4

音 フ・（フウ）　訓 おっと

部首 大（だい）

意味 つまのある男。男の人。

・筆順どおりに書きなさい。

1 一	2 二（ながく）	3 チ（つきだす）	4 夫（はらう）

夫

●――線の漢字の読み方を書きなさい。

① 夫と妻《つま》。（　　）
② 山田夫妻《さい》。（　　）
③ 夫人。（　　）
④ 水夫。（　　）

102 埼

画数 11

音 ―　訓 さい

部首 土（つちへん）

意味 みさき。

・筆順どおりに書きなさい。

1 一	2 十	3 土	4 圹	5 圹	6 坎（とめる）
7 坹	8 埣	9 埼	10 埼	11 埼（はねる）	

埼

●――線の漢字の読み方を書きなさい。

① 埼玉県。（　　）
② 埼玉大学。（　　）
③ 埼京線。（　　）
④ 埼玉出身。（　　）

書いてみよう

時間 20分【はやい15分・おそい25分】
合格 20問
正答　　/24問

97

① 日の丸の□《はた》。

② □□《しろはた》をあげる。

③ □□《こっき》をあげる。

④ □□《きしゅ》を先頭に歩く。

98

① □□《なら》県に行く。

② □□□《かながわ》県に住む。

③ □□《なら》のお寺。

④ □□□《かながわ》の海。

99

① いねの品種改《かい》□《りょう》。

② 君は頭が（　　）《よい》。

③ 感度は□《りょう》好《こう》だ。

④ □□《りょうしん》がとがめる。

100

① 魚の□□《たいぐん》。

② 白鳥の（　　）《むれ》が泳ぐ。

③ 人が（　　）《むらがる》。

④ □□《ぐんま》県の友人。

101

① 山田□《ふ》妻《さい》。

② □《おっと》と妻《つま》。

③ 若《わか》い□□《すいふ》。

④ キュリー□□《ふじん》。

102

① □□《さいたま》県に行く。

② □□《さいたま》を流れる川。

③ □□《さいたま》大学で学ぶ。

④ □□□《さいきょうせん》に乗る。

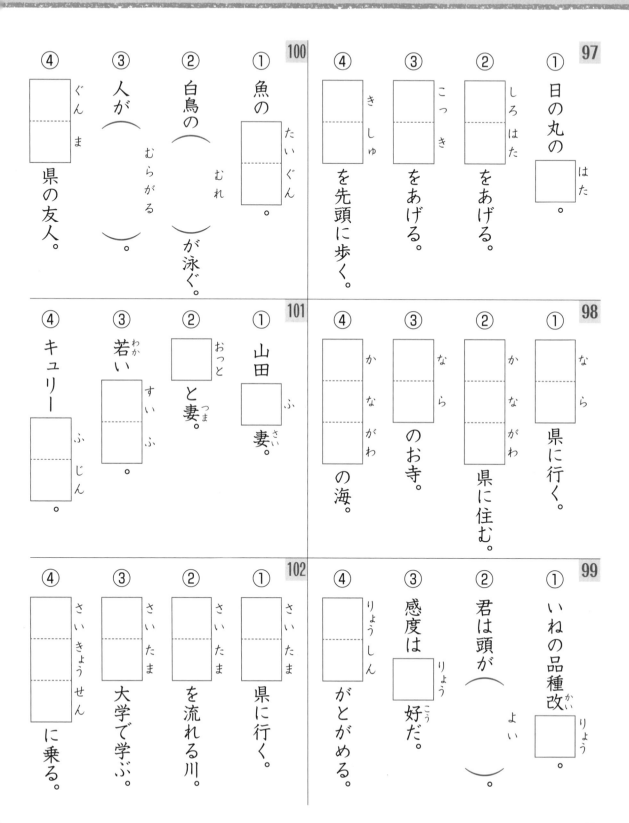

29日 復習テスト(6) 読み

月　日

時間 20分【はやい15分・おそい25分】
合格 80点（一つ4点）
得点　点

1 ——線の漢字の読み方を書きなさい。

① 夫と妻《つま》が協力する。
② 意見を伝える。
③ 富山県に行く。
④ 花が香る。
⑤ 世界平和を望む。
⑥ 材料《りょう》をそろえる。
⑦ 富をきずく。
⑧ 長崎県の出身。

2 ——線の漢字の読み方を書きなさい。

① 衣服をととのえる。
② 奈良県に行く。
③ 昨年は病気がちだった。
④ 魚の群れ。
⑤ お宮にお参りする。
⑥ 埼玉に行く。
⑦ 山田夫妻《さい》に会う。
⑧ 参議院の選挙《せんきょ》。

3 ——線の漢字の読み方を書きなさい。

① 野球の試合をする。
② 香りを改《かい》良する。
③ 国旗をかかげる。
④ こわい体験をする。
⑤ 有望な人だ。
⑥ 徳島県の人。
⑦ 旗をふって祝《いわ》う。
⑧ 登山を試みる。

⑧は送りがなに気をつけて読もう。

復習テスト(6) 書き

月　日

時間 20分 【はやい15分・おそい25分】　得点　点

合格 80点 (一つ4点)

1 次の漢字を書きなさい。

① ロボットの改《かい》□《りょう》。

② □□《かがわ》県の人。

③ ものが豊《ほう》□《ふ》にある。

④ 母に（　　）《つたえる》。

⑤ 山田□《ふ》妻《さい》。

⑥ □□《ぐんま》の出身。

⑦ □《とみ》をきずく。

⑧ （　　）《のぞみ》をかける。

2 次の漢字を書きなさい。

① 妹は（　　）《よい》子だ。

② あの人は□□《ゆうぼう》だ。

③ マラソンに□《さん》加《か》する。

④ □□《とくしま》県に行く。

⑤ □□《いふく》をととのえる。

⑥ お宮へお（　　）《まいり》する。

⑦ □□《さいたま》県の川。

⑧ □□《もくざい》でできた家。

3 次の漢字を書きなさい。

① 虫の□□《たいぐん》。

② □□《こっき》をかかげる。

③ □□《きのう》の□□《しあい》。

④ こわい□□《たいけん》をする。

⑤ □□《ながさき》県に住む。

⑥ □□《さくねん》は雨が多かった。

⑦ 日の丸の□《はた》を立てる。

⑧ 登山を（　　）《こころみる》。

30日

まとめテスト(3)

読み

月　日

時間 20分【はやい15分・おそい25分】
合格 80点（一つ4点）
得点　点

1 ——線の漢字の読み方を書きなさい。

① かぜの兆候がある。（　）（　）
② 富山県に住む。（　）（　）
③ 畑に害虫が発生する。（　）（　）
④ 福岡の出身。（　）（　）
⑤ 森で鹿の群れに会う。（　）（　）
⑥ 栃の木を見る。（　）
⑦ 衣服をあらう。（　）（　）
⑧ 長崎の出身。（　）（　）

2 ——線の漢字の読み方を書きなさい。

① 栄養が不足する。（　）（　）
② お寺に参る。（　）
③ 孫の誕生日《たんじょうび》を祝《いわ》う。（　）
④ 理科の試験を受ける。（　）（　）
⑤ 約一億人の人口。（　）
⑥ 香川県の人。（　）
⑦ 羊が群れる。（　）
⑧ 赤ちゃんの泣き声。（　）

3 ——線の漢字の読み方を書きなさい。

① 大きな倉庫。（　）（　）
② 奈良のお寺。（　）（　）
③ 埼玉県の出身。（　）
④ 食塩をとかす。（　）（　）
⑤ ロボットの改《かい》良。（　）
⑥ 虫の大群。（　）
⑦ 子孫に財産《ざいさん》を残す。（　）（　）
⑧ 国旗をかかげる。（　）（　）

まとめテスト(3) 書き

月　日

時間 20分 【はやい15分・おそい25分】
合格 80点 (一つ4点)
得点　　点

1 次の漢字を書きなさい。

① □□《いふく》をあらう。
② お寺にお（　　）《まいり》する。
③ □□《どうとく》の授業《じゅぎょう》。
④ 入学□□《しけん》を受ける。
⑤ 花の（　　）《かおり》。
⑥ □□《ゆうがい》なガス。
⑦ □□《なら》県に住む。
⑧ 国家が（　　）《さかえる》。

2 次の漢字を書きなさい。

① □□《きこう》の変《か》わり目。
② □□《ながさき》県の人。
③ □□《いちおく》年前。
④ 魚が（　　）《むれる》。
⑤ □《おっと》に（　　）《つたえる》。
⑥ □□《しょくえん》をふりかける。
⑦ □□《そうこ》から出す。
⑧ □□《さいたま》から来る。

3 次の漢字を書きなさい。

① □□《ぐんま》県の山道。
② 作文の□□《だいざい》をさがす。
③ □□《なら》県の出身。
④ 地図に□《しるし》をつける。
⑤ あらしの□□《ぜんちょう》。
⑥ □《とみ》をきずく。
⑦ □□《かがわ》県の海。
⑧ □□《さくねん》の秋。

進級テスト(1) 読み

月　日

時間 20分【はやい15分・おそい25分】
合格 80点（一つ5点）
得点　点

1 次の漢字の音と訓《くん》（送りがながある場合は送りがなもつける）を書きなさい。（完答《かんとう》）

① 努　音（　）　訓（　）
② 城　音（　）　訓（　）
③ 夫　音（　）　訓（　）
④ 求　音（　）　訓（　）
⑤ 必　音（　）　訓（　）

2 次の漢字の読み方を書きなさい。（完答）

① 無理（　）　無事（　）
② 便利（　）　定期便（　）
③ 不思議（　）　不気味（　）
④ 関所（　）　関係（　）
⑤ 漁業（　）　大漁（　）

3 ――線の漢字の読み方を書きなさい。

① 地震《じしん》の前兆（　）があった。
② 副作用（　）のない薬。
③ 選挙《きょ》（　）で会長を選（　）ぶ。
④ 当然（　）の要求をする。
⑤ 勝利（　）を信じる。
⑥ 氏名（　）と住所を書く。
⑦ 道徳（　）の授業《じゅぎょう》。
⑧ 順番（　）に前から着席（　）する。

進級テスト(1) 書き

月　日

時間 20分【はやい15分・おそい25分】
合格 80点（一つ4点）
得点　点

1 次の□に漢字を入れて、三字の熟《じゅく》語《ご》を作りなさい。

① 自□界
② 不思□
③ 内□部
④ 名□品
⑤ □力家

2 次の□に漢字を入れて、熟語を作りなさい。

① □（席・点）
② （岩・食）□
③ □（書・典）
④ （時・落）□
⑤ □（員・議）

3 次の漢字を書きなさい。

① □《まご》と遊ぶ。
② 成長の□□《きろく》。
③ 深く□□《はんせい》する。
④ □《か》の子模様《もよう》。
⑤ □□《とくべつ》にあつかう。
⑥ □□《えいよう》のある食物。
⑦ 説明を（　　）《はぶく》。

4 次の読み方をする漢字を書きなさい。

① きょう
㋐ □同作業
㋑ □調性《せい》
㋒ 徒□走
㋓ □育

② あん
㋐ 道□内
㋑ 丸□記

③ ほう
㋐ □課後
㋑ 食事作□

進級テスト(2) 読み

時間 20分【はやい15分・おそい25分】　得点　点
合格 80点（一つ4点）

1 ——線の漢字の読み方を書きなさい。

① ㋐ 香り（　　）　㋑ 香川県（　　）

② ㋐ 辺り（　　）　㋑ 岸辺（　　）

③ ㋐ 関わる（　　）　㋑ 関取（　　）

④ ㋐ 群れる（　　）　㋑ 群がる（　　）

2 次の熟語《じゅくご》を組み合わせると四字熟語が四つできます。その読み方を書きなさい。

科学　勉強　事業　問答
受験　公共　小説　無用

（　　）（　　）（　　）（　　）

3 次の三字熟語の読み方を書きなさい。

① 海水浴（　　）
② 放課後（　　）
③ 試験日（　　）
④ 投票所（　　）
⑤ 青信号（　　）

4 ——線の漢字の読み方を書きなさい。

① 城下町として栄える。（　　）
② 愛媛県に行く。（　　）
③ 残念な知らせ。（　　）
④ 出場する種目。（　　）
⑤ 書類に目を通す。（　　）
⑥ 駅から徒歩五分。（　　）
⑦ 母の手伝いをする。（　　）
⑧ 良心がいたむ。（　　）

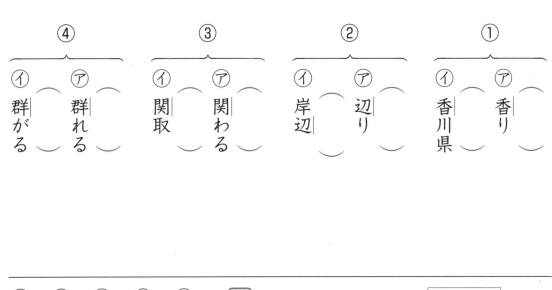

進級テスト (2)　書き

月　日

時間 20分 【はやい15分・おそい25分】
合格 80点 (一つ4点)
得点　　点

1 次の漢字と反対の意味の漢字を書きなさい。

① 海 ↕ □
② 重 ↕ □
③ 無 ↕ □
④ 妻《つま》 ↕ □
⑤ 利 ↕ □

2 次の読み方をする漢字を書きなさい。

① しょう　㋐ 外務《がいむ》□　㋑ 画□
② き　㋐ 画□的　㋑ 国□
③ かん　㋐ □西地方　㋑ 水道□　㋒ □動
④ さ　㋐ 時□　㋑ □賀県

3 次の漢字を書きなさい。

① □《しるし》をつける。
② メンバーが（　　）《かける》。
③ おやつを□□《じさん》する。
④ 道理を（　　）《とく》。
⑤ □□《ようてん》を話す。
⑥ 対話を（　　）《こころみる》。
⑦ 魚が（　　）《むれる》。
⑧ □□《ねっしん》に取り組む。
⑨ □□《じどう》会。
⑩ 早く□□《ちゃくせき》しなさい。
⑪ □□《くべつ》がつかない。

進級テスト(3) 読み

月　日

時間 20分【はやい15分・おそい25分】
合格 80点（一つ4点）
得点　　点

1 ——線の漢字の読み方を書きなさい。

①
- ㋐ 夫人に会う。（　　）
- ㋑ 一兆円で買う。（　　）

②
- ㋐ 司会をつとめる。（　　）
- ㋑ 同時に売り出す。（　　）

③
- ㋐ 金を受けとる。（　　）
- ㋑ 愛情《じょう》をそそぐ。（　　）

④
- ㋐ 高熱が出る。（　　）
- ㋑ 天然の色合い。（　　）

2 同じ読み方の熟語《じゅくご》を——線で結びなさい。

① 関心・　　・㋐ 良心
② 電気・　　・㋑ 天候
③ 氏名・　　・㋒ 感心
④ 両親・　　・㋓ 共用
⑤ 転校・　　・㋔ 伝記
⑥ 強要・　　・㋕ 使命

3 次の熟語の読み方を書きなさい。

① 衣食住（　　）
② 陸海空（　　）
③ 都道府県（　　）

4 ——線の漢字の読み方を書きなさい。

① 害虫をくじょする。（　　）
② 差をちぢめる。（　　）
③ 兄が成人する。（　　）
④ 倉庫に用具をしまう。（　　）
⑤ 大阪城を見る。（　　）
⑥ 見る目を養う。（　　）
⑦ 手間を省く。（　　）
⑧ おかずを残す。（　　）

進級テスト(3)　書き

月　日

時間 20分【はやい15分・おそい25分】

合格 80点（一つ5点）

得点　点

1 ――線の言葉を漢字で書きなさい。

①
㋐ おだやかなきこう。
㋑ 雑誌《ざっし》の編集《へんしゅう》こうき。

②
㋐ ゆっくりきゅうようする。
㋑ ようきゅうする。

③
㋐ じどう会。
㋑ どうじに起る。

2 次の漢字と、㋐・㋑それぞれの部首を組み合わせてできる漢字を書きなさい。

① 反
㋐ 土…
㋑ 阝…

② 奇
㋐ 土…
㋑ 山…

③ 寺
㋐ 牛…
㋑ 竹…

3 次の漢字を書きなさい。

① □□《なら》県に住む。

② リボンを（むすぶ）。

③ 羊が（むれる）。

④ □□□《くまもとじょう》に行く。

⑤ □□《うみべ》のホテル。

⑥ 水を（あびる）。

⑦ □□□《とくさんひん》を買う。

⑧ □□《ぎふ》県から来る。

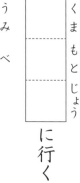

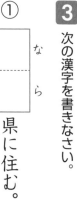

進級テスト(4) 読み

月　日

時間 20分 【はやい15分・おそい25分】
合格 80点 (一つ4点)
得点　点

1 次の言葉は反対語になっています。——線の漢字の読み方を書きなさい。

① ㋐ 良い（　　）↔ ㋑ 悪い（　　）

② ㋐ 会う（　　）↔ ㋑ 別れる（　　）

③ ㋐ 有り（　　）↔ ㋑ 無し（　　）

2 次の漢字の訓読《くんよ》みを、例にならって送りがなもふくめて書きなさい。

例 曲（まがる）（まげる）

① 産（　　）（　　）

② 欠（　　）（　　）

③ 伝（　　）（　　）

3 ——線の漢字の読み方を書きなさい。

① 試用期間（　　）

② 取りあつかい説明書（　　）

③ 議事進行（　　）

4 ——線の漢字の読み方を書きなさい。

① 女性《じょせい》初《はつ》の新記録を望む。（　　）（　　）（　　）

② 類いまれな美しさ。（　　）

③ 埼玉県に行く。（　　）

④ 競馬を見る。（　　）

⑤ 不気味な笑《わら》い。（　　）

⑥ かんじん要のこと。（　　）

⑦ 奈良と大阪に行く。（　　）（　　）

⑧ 副作用のある薬。（　　）

進級テスト(4)　書き

時間 20分【はやい15分・おそい25分】
合格 80点（一つ5点）
得点　　点

1 同じ読み方の漢字を書きなさい。（完答《かんとう》）

① じしん
　㋐ 自分□□。
　㋑ □□がある。

② しめい
　㋐ □□を書く。
　㋑ □□する。

③ きょうりょく
　㋐ □□なのり。
　㋑ □□する。

2 次の□に入る漢字を書きなさい。

① □ずるより産むがやすし
② 青菜《あおな》に□
③ □きっ面《つら》に蜂《はち》
④ うそも方□
⑤ □り物には福がある
⑥ まかぬ□は生えぬ
⑦ 雲泥《うんでい》の□
⑧ □の中のかわず
⑨ 百□あって一利なし

3 次の漢字を書きなさい。

① □□《しが》県に住む。
② □□《もくざい》を運ぶ。
③ 技術《ぎじゅつ》を（　　　《つたえる》）。
④ □《なし》の実を食べる。
⑤ □□《とくしま》県の魚。
⑥ □□《ほうほう》を考える。
⑦ □□《そうこ》に入れる。
⑧ 会えなくて□□《ざんねん》だ。

進級テスト(5) 読み

月　日

時間 20分【はやい15分・おそい25分】
合格 80点（一つ4点）
得点　点

1 ——線の漢字の読み方を書きなさい。

① ㋐ 昨夜は大雨だった。（　）
　 ㋑ 作文の題材。（　）

② ㋐ 子孫に受けつぐ。（　）
　 ㋑ 関係をよくする。（　）

③ ㋐ 病院を予約する。（　）
　 ㋑ 的確《かく》な指《し》示《じ》。（　）

④ ㋐ 席につく。（　）
　 ㋑ 何度も注意する。（　）

2 同じ音読みの漢字を——線で結びなさい。

① 衣・　・㋐ 飲
② 兆・　・㋑ 辞
③ 児・　・㋒ 帳
④ 録・　・㋓ 医
⑤ 印・　・㋔ 六

3 次の四字熟語《よじじゅくご》の読み方を書きなさい。

① 子子孫孫（　）
② 一望千里（　）
③ 千差万別（　）

4 ——線の漢字の読み方を書きなさい。

① 管が通っている。（　）
② お宮に参る。（　）
③ 多くの富を求める。（　）（　）
④ 鹿児島の山。（　）
⑤ 辺りを見回す。（　）
⑥ 国旗をかかげる。（　）
⑦ 岐阜県に行く。（　）
⑧ 新潟の海。（　）

進級テスト(5) 書き

月　日

時間 20分【はやい15分・おそい25分】
合格 80点（一つ4点）
得点　　点

1 同じ訓読《くんよ》みの漢字を、送りがなもふくめて書きなさい。

① あつい
㋐ 部屋が（　　）
㋑ 体が（　　）

② さす
㋐ 光が（　　）
㋑ ゆびで（　　）

③ なる
㋐ 実が（　　）
㋑ 音が（　　）

2 次の漢字を書きなさい。

① □《まと》外れ。
② □《くら》がたつ。
③ □《とも》だおれ。
④ □《なし》を食べる。
⑤ □《なわ》を切る。
⑥ □《さ》がつく。

3 次の□にあてはまる数字の単位を、例にならい小さいほうから順に漢字で書きなさい。

例 五 百 → ① 四 □ →
② 三 □ → ③ 二 □ →
④ 一 □

4 次の漢字を書きなさい。

① □□《とくしま》県に行く。
② □□□《しゅじい》を決める。
③ □□《しずおか》の出身。
④ □□《もくひょう》を定める。
⑤ □□《かがわ》県の友人。
⑥ （　　）《たより》をよこす。
⑦ （　　）《かならず》□《がい》がある。
⑧ 羊が（　　）《むれる》。

答え

漢字 7級

1ページ

1 ①ふでばこ ②しま・す ③と
④しゅうてん ⑤ぎんこう ⑥いく
⑦すいえい ⑧かみさま・まつ

2 ①しんかい ②こうたい
③びょうどう・くば ④はんとう
⑤りょうほう・う ⑥しょうわ
⑦しゅやく ⑧だいひょう

2ページ

1 ①流行 ②自由 ③酒 ④手帳
⑤息・苦しい ⑥起きる ⑦島・追放
⑧礼

2 ①九州・旅 ②薬・苦い ③波 ④倍
⑤決める ⑥幸い ⑦死者 ⑧相談

3ページ

1 ①まうえ ②ほか ③ころ・しゅっけつ
④てつ・おも ⑤しんくう
⑥きゅうそく ⑦ゆうめい ⑧みの

2 ①いんしゅ ②の・お ③みや
④あきまつ ⑤あいて・な
⑥けいこうぎょう ⑦いえじ
⑧じょしゅ

4ページ

1 ①終える ②神社 ③坂・遊園地
④客 ⑤羊 ⑥指定 ⑦歯 ⑧笛・起立

2 ①合宿 ②他人 ③農地・平ら ④投書
⑤鼻 ⑥実・転がる ⑦皿 ⑧勝負

5ページ

1 ①さかや ②せきたん ③すみ
④きし・めざ ⑤ふか・かんどう
⑥かいがん ⑦あまやど ⑧ぬし

2 ①せいめい ②やかた・じゅうにん
③ぶんかさい ④ととの
⑤ちよがみ・うつく ⑥か ⑦けってい
⑧くうそう

6ページ

1 ①水平・安全 ②幸福 ③安い
④岸・泳ぐ ⑤指 ⑥写す ⑦湯
⑧回転

2 ①短い・汽笛 ②苦心 ③血 ④取
⑤神話 ⑥登校 ⑦命・助ける ⑧皮

7ページ

1 ①しんぱい ②しゅくだい ③たんしょ
④しあわ ⑤きゃくさま・ようふく
⑥さむ ⑦もうひつ・はじ ⑧じょうば

2 ①きょくせん ②そだ・ようす
③じつぶつ ④しゃせい ⑤としょかん
⑥ぜんぶ ⑦かぞく・りょこう ⑧のぼ

8ページ

1 ①線路・遊ぶ ②申し ③悲しい・昔話
④拾う ⑤秒・勝つ ⑥死ん ⑦飲ん
⑧始業式

2 ①整理 ②医者 ③軽く・持ち ④世界
⑤曲がっ ⑥油 ⑦山登り ⑧第

9ページ

1 ①りくち ②りく ③たいりく
④じょうりく

2 ①せき ②ちゃくせき ③きゃくせき
④しゅっせき

3 ①じゅんばん ②みちじゅん
③じゅんちょう ④てじゅん

4 ①むす ②けっきょく ③けっ ④けつ

5 ①あた ②うみべ ③いっぺん ④へん

6 ①ぎょせん ②りょう ③りょう
④ぎょこう

10ページ

1 ①陸 ②陸地 ③大陸 ④上陸

2 ①席 ②客席 ③出席 ④着席
3 ①順番 ②席順 ③順調 ④手順
4 ①結ぶ ②結局 ③結 ④結
5 ①海辺 ②辺り ③一辺 ④辺
6 ①漁船 ②漁 ③漁業 ④大漁

11ページ

7 ①かいすいよく ②にっこうよく
③あ ④だいよくじょう
8 ①と ②しょうせつか ③せつめい
④せっきょう
9 ①わか ②べっ ③べつじん ④くべつ
10 ①けっせき ②か ③しゅっけつ ④か
11 ①ざんぎょう ②のこ ③のこ
④ざんしょ
12 ①ざんねん ②ねん ③きねん
④しょうねんば

12ページ

7 ①海水浴 ②浴びせる ③日光浴
④浴びる
8 ①説明書 ②説く ③説教 ④小説
9 ①別れる ②別人 ③別世界 ④別れる
10 ①欠席 ②欠点 ③欠ける ④出欠
11 ①残金 ②残される ③残高 ④残る
12 ①残念 ②念 ③記念 ④念入り

13ページ

1 ①けっきょく ②たいりょう ③あた
④むす ⑤じゅんばん ⑥ざんきん
⑦かいすいよく ⑧ぎょせん
2 ①ねんい ②のこ ③べつじん
④けってん ⑤しんぺん ⑥うみべ
⑦わか ⑧ざんねん
3 ①みずあ ②か ③ぎょぎょう ④と
⑤のこ ⑥せつめい・しゅっせき
⑦りくち ⑧べつ

14ページ

1 ①順番 ②辺 ③席 ④水浴び ⑤別
⑥陸 ⑦結び ⑧浴室
2 ①説き ②念 ③別れる ④欠席
⑤残り ⑥漁業 ⑦上陸 ⑧残念・結
3 ①漁 ②海辺 ③席順 ④結ぶ ⑤辺り
⑥小説 ⑦浴びる ⑧欠ける

15ページ

13 ①ねっしん ②ねつ ③あつ
④ねっちゅう
14 ①きょうりょく ②きょう
③きょうかい ④きょうちょう
15 ①もくてき ②てきちゅう
③ぶんかてき ④まと
16 ①しかいしゃ ②じょうし ③ぎょうじ
④し
17 ①もくひょう ②ひょうご
③ひょうほん ④ひょう
18 ①ついきゅう ②もと ③きゅう
④もと

16ページ

13 ①熱心 ②熱い ③熱 ④熱中
14 ①協力 ②協会 ③協同 ④協
15 ①目的 ②文化的 ③的 ④的中
16 ①司会 ②司会 ③行司 ④上司
17 ①標本 ②目標 ③標語 ④標
18 ①求める ②追求 ③求める ④求

17ページ

19 ①ひつ ②ひっしょう ③かなら
④ひっし
20 ①せい ②な ③せいちょう ④せい
21 ①あん ②めいあん ③あんない
④あんがい
22 ①ほうかご ②かだい ③がっか
④にっか
23 ①りよう ②り ③り ④しょうり
24 ①よやく ②やく ③やく ④やく

18ページ

19 ①必ず ②必 ③必勝 ④必死
20 ①成 ②成長 ③成す ④成

答え

21 ①案内 ②案外 ③案 ④名案
22 ①放課後 ②課題 ③日課表 ④課外
23 ①利用 ②利 ③利 ④勝利
24 ①約 ②約 ③予約 ④約

19ページ

25 ①きろく ②とうろく ③ろくおん
④ろくが
26 ①むり ②ぶじ ③な ④むしょく
27 ①じしょ ②しきじ ③じ ④じひょう
28 ①じてん ②こてん ③じてん
④しきてん
29 ①ふくい ②いど ③ふくい ④ふくい
30 ①けっかん ②くだ ③かんり ④かん

20ページ

25 ①記録 ②録音 ③住所録 ④登録
26 ①無理 ②無し ③無事 ④無名
27 ①辞書 ②辞表 ③辞 ④式辞
28 ①辞典 ②古典 ③事典 ④式典
29 ①福井 ②井戸 ③福井 ④井戸
30 ①管 ②血管 ③管 ④管

21ページ

1 ①あんがい ②やく ③ろくおん
④むり ⑤ぶんかてき ⑥ほうかご
⑦あんない ⑧しかい
2 ①かちょう ②かなら・りよう
③ひょうほん ④じゅうしょろく
⑤じしょ ⑥こてん ⑦いど
⑧きょうりょく
3 ①もと ②ひっし ③ねっしん
④ふくい ⑤きろく ⑥せいじんしき
⑦けっかん ⑧あつ

22ページ

1 ①辞書 ②的 ③追求 ④熱心 ⑤井戸
⑥式典 ⑦的 ⑧水道管
2 ①行司 ②利・求める ③放課後
④名案 ⑤管理 ⑥協力 ⑦福井
⑧標語
3 ①約 ②記録 ③必死 ④勝利 ⑤課題
⑥成 ⑦無い ⑧必ず

23ページ

1 ①ひょうご ②しかいしゃ ③あんない
④ほうかご ⑤きろく ⑥じてん
⑦いど ⑧りっきょう
2 ①せき ②くだ ③ぎょぎょう
④じゅんばん ⑤うみべ ⑥かなら
⑦しょうり ⑧やく
3 ①りよう ②りょう ③せつめい
④かんりにん ⑤きゅう
⑥ざんねん・けっ ⑦わか ⑧ぶじ

24ページ

1 ①必ず・協 ②辞典 ③管理 ④漁業
⑤結 ⑥日課 ⑦結ぶ ⑧無理
2 ①説明 ②利用 ③約 ④名案
⑤成 ⑥海辺 ⑦無くす ⑧水浴び
3 ①残る ②辺 ③結び ④欠席 ⑤熱湯
⑥欠ける ⑦必 ⑧目的

25ページ

31 ①とほ ②きょうと ③せいと ④と
32 ①ときょうそう ②きょう ③きょうほ
④けいばじょう
33 ①せん ②えら ③よせん ④せんしゅ
34 ①いばらき ②いばら ③いばらき
④いばら
35 ①ようきゅう ②かなめ ③ようやく
④ひつよう
36 ①じょうかまち ②しろ ③じょう

26ページ

31 ①生徒 ②教徒 ③徒手 ④徒歩
32 ①競 ②競 ③徒競走 ④競馬場
33 ①選ぶ ②当選 ③選 ④選手
34 ①茨城 ②茨 ③茨城 ④茨城
35 ①重要 ②要求 ③要 ④必要
36 ①城下町 ②城 ③城 ④城主

27ページ

37 ①あい ②あいけん ③あいどくしょ ④あい

38 ①かんけい ②かんとう ③せきしょ ④かか

39 ①はんせい ②しょう ③はぶ ④きせい

40 ①えひめ ②えひめ ③えひめ ④えひめ

41 ①とうひょう ②ぴょう ③いっぴょう ④かいひょう

42 ①しめい ②しぞく ③し ④し

28ページ

37 ①愛 ②愛犬 ③愛読書 ④愛

38 ①関心 ②関わり ③関所 ④関

39 ①反省 ②省 ③省 ④省く

40 ①愛媛 ②愛媛 ③愛媛 ④愛媛

41 ①開票 ②票 ③投票 ④票

42 ①氏名 ②氏 ③氏族 ④氏

29ページ

43 ①じさ ②さ ③こうさてん ④さ

44 ①おきなわ ②おきあい ③おきなわ ④おき

45 ①ほうほう ②ほう ③さほう ④ぽう

46 ①おきなわ ②なわ ③なわ ④なわ

47 ①ともぐ ②こうきょう ③きょうがく ④きょうどう

48 ①ぶんるい ②るい ③るい ④たぐ

30ページ

43 ①時差 ②差 ③日差し ④大差

44 ①沖縄 ②沖合 ③沖 ④沖

45 ①法 ②方法 ③作法 ④法

46 ①沖縄 ②縄 ③縄 ④縄

47 ①共学 ②共通 ③共食い ④共同

48 ①人類 ②分類 ③類 ④類い

31ページ

1 ①いばらき ②なわ ③おきあい ④えひめ ⑤じゅうよう ⑥たぐ ⑦ほうほう ⑧おきなわ

2 ①あい ②とうひょう ③はんせい ④とも ⑤しんるい ⑥かんけい ⑦せきとり ⑧しろ・とほ

3 ①さ ②みやぎ ③かか ④あい ⑤きょうどう ⑥はぶ ⑦じょうかまち ⑧かなめ

32ページ

1 ①反省 ②愛犬 ③差 ④城 ⑤沖縄 ⑥城主 ⑦省 ⑧氏名

2 ①関所 ②重要 ③愛媛 ④生徒 ⑤競 ⑥茨城 ⑦投票 ⑧選考

3 ①共同 ②縄 ③茨・選ぶ ④関わり ⑤人類 ⑥選手 ⑦作法 ⑧宮城

33ページ

49 ①ふくしょく ②ふくだい ③ふくいいんちょう ④ふくとしん

50 ①やまなし ②ようなし ③なし ④やまなし

51 ①さんぎょう ②こくさん ③さんち ④う

52 ①おおさか ②おおさか ③おおさか ④おおさか

53 ①ふあん ②ぶそく ③ふい ④ふびょうどう

チェックポイント 「不」には、「フ」と「ブ」の二つの音読みがあります。熟語《じゅくご》によってどの読み方になるか注意します。

54 ①かいぎ ②ふしぎ ③ぎちょう ④ぎじ

34ページ

49 ①副 ②副食 ③副業 ④副作用

50 ①山梨 ②梨 ③洋梨 ④山梨

51 ①産地 ②産 ③産む ④産業

52 ①大阪 ②大阪 ③大阪 ④大阪

53 ①不安 ②不意 ③不平 ④不(無)用心
54 ①会議 ②不思議 ③議事 ④議長

35ページ

55 ①ふ ②とどうふけん ③ふ ④ふ
56 ①とっきゅう ②とくべつ ③とくちょう ④とっ
57 ①べんり ②ほうべん ③びんぶつ ④たよ
58 ①しが ②しが ③しが ④しが
59 ①さが ②さ ③とさ ④さが
60 ①ねんがじょう ②がしょう ③がかい

36ページ

55 ①府 ②府立 ③首府 ④府
56 ①特 ②特別 ③特急 ④特色
57 ①便利 ②不便 ③便 ④便り
58 ①滋賀 ②滋賀 ③滋賀 ④滋賀
59 ①佐賀 ②佐 ③佐賀 ④大佐
60 ①年賀状 ②賀 ③賀 ④賀会

37ページ

61 ①しぜん ②とうぜん ③てんねん ④ぜん
62 ①ぎふ ②ぎふ ③ぎふ ④ぎふ
63 ①つうしん ②しんよう ③しんごう ④じしん
64 ①どりょく ②つと ③つと
65 ①ぎふ ②ぎふ ③ぎふ ④ぎふ
66 ①たね ②たね ③じっしゅ ④しゅるい

38ページ

61 ①自然 ②当然 ③天然 ④平然
62 ①岐阜 ②岐阜 ③岐阜 ④岐阜
63 ①信号 ②信用 ③通信 ④自信
64 ①努める ②努める ③努力 ④努めて
65 ①岐阜 ②岐阜 ③岐阜 ④岐阜
66 ①種類 ②種 ③新種 ④種

39ページ

1 ①なし ②おおさか ③べんり ④しぜん・しん ⑤ふくしょくぶつ ⑥しが ⑦てんねん ⑧さ
2 ①ぎふ ②う ③たね ④しゅるい ⑤べんじょ ⑥おおさかじょう ⑦ふしぎ ⑧さが
3 ①じしん ②つと ③しゅふ ④やまなし ⑤とくしょく ⑥ぎふ ⑦ひだね ⑧どりょく

40ページ

1 ①副 ②府 ③岐阜 ④努める ⑤大阪 ⑥洋梨 ⑦滋賀 ⑧種・種類
2 ①山梨 ②佐賀 ③不思議 ④大阪 ⑤信用 ⑥岐阜 ⑦信号 ⑧特別
3 ①佐 ②滋賀 ③便 ④産む ⑤自然 ⑥佐賀 ⑦不便 ⑧梨

41ページ

1 ①ぎかい ②しぜん ③さ ④しん ⑤きょうえい ⑥せいと ⑦おおさか・せんしゅ ⑧たね
2 ①みやぎ ②どりょく ③はぶ ④おきあい ⑤たぐ ⑥えひめ ⑦なわ ⑧かか
3 ①しんよう ②しろ ③とうひょう ④し ⑤ふくさよう ⑥いばらき ⑦とくべつ ⑧びん

42ページ

1 ①便利 ②城 ③佐賀 ④梨 ⑤種類 ⑥天然 ⑦大阪城 ⑧岐阜
2 ①差 ②不足 ③努める ④自信 ⑤滋賀 ⑥重要・選 ⑦方法 ⑧沖縄
3 ①共通 ②佐 ③山梨 ④愛 ⑤種 ⑥生産 ⑦愛媛 ⑧反省

43ページ

67 ①ゆうがい ②がいちゅう ③がい ④がい
68 ①しず ②あんせい ③せい ④しず

69 ①おかやま ②ふくおか ③しずおか ④おかめはちもく
70 ①いちおくねん ②おくまん ③なんぜんおく
71 ①えい ②さか ③えいこう ④きょうえい
72 ①にいがた ②がた ③にいがた ④がた

44ページ

67 ①有害 ②害 ③害虫 ④公害
68 ①静か ②安静 ③静 ④静める
69 ①岡山 ②福岡 ③静岡 ④岡目八目
70 ①億 ②億万 ③億 ④億
71 ①栄 ②栄光 ③光栄 ④栄える
72 ①新潟 ②潟 ③新潟 ④新潟

45ページ

73 ①きこう ②こう ③てんこう ④じこう
74 ①えいよう ②ようぶん ③やしな ④きゅうよう
75 ①しそん ②まご ③まご ④まご
76 ①かごしま ②か ③しか ④しか
77 ①じどうかい ②いくじ ③あいじ ④じ
78 ①ぜんちょう ②ちょう ③おくちょう ④ちょうこう

46ページ

73 ①立候 ②気候 ③天候 ④時候
74 ①栄養 ②養う ③養魚 ④養分
75 ①子孫 ②孫 ③孫 ④孫
76 ①鹿児島 ②鹿 ③鹿 ④鹿児島
77 ①育児 ②児童会 ③園児 ④児
78 ①前兆 ②億兆 ③十兆 ④兆候

チェックポイント
「兆」は筆順に注意して書きます。「丿丬㇒兆兆兆」となります。

47ページ

79 ①いん ②ちょういん ③やじるし ④けしいん
80 ①よな ②な ③な ④な
81 ①くま ②くまもと ③こぐま ④くまで
82 ①そうこ ②こめぐら ③くら ④ふなぐら(せんそう)
83 ①しおみず(えんすい) ②しょくえん ③しおあじ ④しお
84 ①とち ②とちぎ ③とちぎ ④とちぎ

48ページ

79 ①印 ②印 ③実印 ④印
80 ①泣 ②泣 ③泣 ④泣
81 ①熊本 ②子熊 ③熊本 ④熊野
82 ①倉庫 ②米倉 ③倉 ④倉
83 ①塩 ②塩水 ③塩分 ④食塩
84 ①栃木 ②栃 ③栃木 ④栃

49ページ

1 ①いっちょうえん ②な ③さか ④しず ⑤きこう ⑥おかやま ⑦しそん ⑧しるし
2 ①いん ②そうこ ③な ④しずおか ⑤がた ⑥くま ⑦しょくえん ⑧まご・やしな
3 ①えいこう ②とちぎ ③がい ④ようぎょじょう ⑤かごしま ⑥おくまんちょうじゃ ⑦にいがた ⑧しか

50ページ

1 ①新潟 ②天候 ③塩 ④熊本 ⑤栄養 ⑥何億 ⑦鹿 ⑧福岡
2 ①栄える ②倉庫 ③印 ④米倉 ⑤静か ⑥鹿児島 ⑦子孫 ⑧児童
3 ①前兆 ②光栄 ③孫・泣き ④鹿 ⑤印 ⑥害 ⑦養う ⑧塩分

51ページ

85 ①ふ ②とみ ③と ④とやま

86 ①でんき ②てつだ ③でんごん ④つた
87 ①いふく ②い ③はくい ④い
88 ①ざい ②じんざい ③もくざい ④ざい
89 ①ながさき ②みやざき ③たかさき ④おかざき
90 ①さん ②さん ③さんぎいん ④まい

52ページ

85 ①富 ②富む ③富 ④富山
86 ①伝記 ②手伝い ③伝説 ④伝わる
87 ①衣服 ②衣室 ③白衣 ④衣
88 ①材 ②木材 ③教材 ④題材
89 ①長崎 ②長崎 ③宮崎 ④宮崎
90 ①参り ②参考 ③参 ④参

53ページ

91 ①ゆうぼう ②のぞ ③じんぼう ④ぼうえん
92 ①とく ②とくようひん ③どうとく ④とくしま
93 ①じっけん ②たいけん ③けん ④じゅけん
94 ①さくねん ②さくじつ(きのう) ③さくや ④いっさくねん(おととし)

95 ①しあい ②しうんてん ③ししょく ④こころ
96 ①かお ②かお ③かがわ ④かがわ

54ページ

91 ①望 ②望み ③人望 ④望
92 ①徳 ②道徳 ③美徳 ④徳島
93 ①実験 ②受験 ③体験 ④験
94 ①昨年 ②昨日 ③昨 ④昨夜
95 ①試験 ②試みる ③試練 ④試合
96 ①香川 ②香る ③香り ④香る

55ページ

97 ①はた ②きしゅ ③こっき ④てばた
98 ①なら ②かながわ ③ならく ④なら
99 ①りょう ②よ ③ふりょう ④りょうやく
100 ①たいぐん ②む ③ぐんま ④むら
101 ①おっと ②ふ ③ふじん ④すいふ
102 ①さいたま ②さいたま ③さいきょう ④さいたま

56ページ

97 ①旗 ②白旗 ③国旗 ④旗手
98 ①奈良 ②神奈川 ③奈良 ④神奈川
99 ①良 ②良い ③良 ④良心
100 ①大群 ②群れ ③群がる ④群馬
101 ①夫 ②夫 ③水夫 ④夫人

102 ①埼玉 ②埼玉 ③埼玉 ④埼京線

57ページ

1 ①おっと ②つた ③とやま ④かお ⑤のぞ ⑥ざい ⑦とみ ⑧ながさき
2 ①いふく ②なら ③さくねん ④む ⑤まい ⑥さいたま ⑦ふ ⑧さんぎいん
3 ①しあい ②かお・りょう ③こっき ④たいけん ⑤ゆうぼう ⑥とくしま ⑦はた ⑧こころ

58ページ

1 ①良 ②香川 ③富 ④伝える ⑤夫 ⑥群馬 ⑦富 ⑧望み
2 ①良い ②有望 ③参 ④徳島 ⑤衣服 ⑥参り ⑦埼玉 ⑧木材
3 ①大群 ②国旗 ③昨日・試合 ④体験 ⑤長崎 ⑥昨年 ⑦旗 ⑧試みる

59ページ

1 ①ちょうこう ②とやま ③がいちゅう ④ふくおか ⑤しか・む ⑥とち ⑦いふく ⑧ながさき
2 ①えいよう ②まい ③まご ④しけん ⑤いちおく ⑥かがわ ⑦む ⑧な

3 ①そうこ ②なら ③さいたま
④しょくえん ⑤りょう ⑥たいぐん
⑦しそん ⑧こっき

60ページ

1 ①衣服 ②参り ③道徳 ④試験
⑤香り ⑥有害 ⑦奈良 ⑧栄える

2 ①気候 ②長崎 ③一億 ④群れる
⑤夫・伝える ⑥食塩 ⑦倉庫 ⑧埼玉

3 ①群馬 ②題材 ③奈良 ④印 ⑤前兆
⑥富 ⑦香川 ⑧昨年

61ページ

1 ①ど・つとめる ②じょう・しろ
③ふ・おっと ④きゅう・もとめる
⑤ひつ・かならず

2 ①むり・ぶじ ②べんり・ていきびん
③ふしぎ・ぶきみ
④せきしょ・かんけい
⑤ぎょぎょう・たいりょう

3 ①ぜんちょう ②ふくさよう
③せん・えら ④とうぜん
⑤しょうり ⑥しめい ⑦どうとく
⑧じゅんばん・ちゃくせき

62ページ

1 ①然 ②議 ③陸 ④産 ⑤努

2 ①欠 ②塩 ③辞 ④差 ⑤会

3 ①孫 ②記録 ③反省 ④鹿 ⑤特別
⑥栄養 ⑦省く

4 ①㋐共 ㋑協 ㋒競 ㋓教
②㋐案 ㋑暗 ③㋐放 ㋑法

63ページ

1 ①㋐かお ㋑か ②㋐あた ㋑べ
③㋐かか ㋑せき ④㋐む ㋑むら

2 (順不同)
かがくしょうせつ・じゅけんべんきょう・
こうきょうじぎょう・もんどうむよう

3 ①かいすいよく ②ほうかご
③しけんび ④とうひょうじょ(しょ)
⑤あおしんごう

4 ①さか ②えひめ ③ざんねん
④しゅもく ⑤しょるい ⑥とほ
⑦てつだ ⑧りょうしん

64ページ

1 ①陸 ②軽 ③有 ④夫 ⑤害

2 ①㋐省 ㋑商 ②㋐期 ㋑旗
③㋐関 ㋑管 ㋒感 ④㋐差 ㋑佐

3 ①印 ②欠ける ③持参 ④説く
⑤要点 ⑥試みる ⑦群れる ⑧熱心
⑨児童 ⑩着席 ⑪区別

65ページ

1 ①㋐ふ ㋑ちょう ②㋐し ㋑どう
③㋐う ㋑あい ④㋐ねつ ㋑ねん

2 ①㋒ ②㋔ ③㋕ ④㋐ ⑤㋑ ⑥㋓

3 ①いしょくじゅう ②りくかいくう
③とどうふけん

4 ①がいちゅう ②さ ③せいじん
④そうこ ⑤おおさかじょう ⑥やしな
⑦はぶ ⑧のこ

66ページ

1 ①㋐気候 ㋑後記 ②㋐休養 ㋑要求
③㋐児童 ㋑同時

2 ①㋐坂 ㋑阪 ②㋐埼 ㋑崎
③㋐特 ㋑等

3 ①奈良 ②結ぶ ③群れる ④熊本城
⑤海辺 ⑥浴びる ⑦特産品 ⑧岐阜

67ページ

1 ①㋐よ ㋑わる ②㋐あ ㋑わか
③㋐あ ㋑な

2 (順不同)
①うむ・うまれる ②かく・かける
③つたわる・つたえる(つたう)

3 ①し ②せつ ③ぎ

4 ①きろく・のぞ ②たぐ ③さいたま

④けいば　⑤ぶきみ　⑥かなめ
⑦なら・おおさか　⑧ふくさよう

68ページ

1 ①㋐自身　㋑自信　②㋐氏名　㋑指名
③㋐強力　㋑協力

2 ①案　②塩　③泣　④便　⑤残　⑥種
⑦差　⑧井　⑨害

3 ①滋賀　②木材　③伝える　④梨
⑤徳島　⑥方法　⑦倉庫　⑧残念

69ページ

1 ①㋐さく　㋑さく　②㋐そん　㋑けい
③㋐やく　㋑てき(てっ)
④㋐せき　㋑ど

2 ①－㋓　②－㋒　③－㋑　④－㋔
⑤－㋐

3 ①ししそんそん　②いちぼうせんり
③せんさばん(まん)べつ

4 ①くだ　②まい　③とみ・もと
④かごしま　⑤あた　⑥こっき　⑦ぎふ
⑧にいがた

70ページ

1 ①㋐暑い　㋑熱い
②㋐差す　㋑指す　③㋐成る　㋑鳴る

2 ①的　②倉　③共　④梨　⑤縄　⑥差

3 ①千　②万　③億　④兆

4 ①徳島　②主治医　③静岡　④目標
⑤香川　⑥便り　⑦必ず・害　⑧群れる

メモ